SABEDORIA PARA VENCEDORES

Título original: *Wisdom for Winners*

Sabedoria para vencedores
1ª edição: Agosto 2025

Autor:
Jim Stovall

Tradução:
Edmilson Ribeiro

Preparação de texto:
Flavia Araujo

Revisão:
3GB Comunicação
Iracy Borges

Projeto gráfico, diagramação e capa:
Jéssica Wendy

Impressão:
Plena Print

DADOS INTERNACIONAIS DE CATALOGAÇÃO NA PUBLICAÇÃO (CIP)

Stovall, Jim
Sabedoria para vencedores : lições simples e atemporais sobre mindset, riqueza e liberdade financeira / Jim Stovall ; tradução de Edmilson Ribeiro.
— Porto Alegre : Citadel, 2025.
272 p.

ISBN: 978-65-5047-671-7

1. Desenvolvimento pessoal 2. Desenvolvimento profissional 3. Autoajuda 4. Autorrealização I. Título II. Ribeiro, Edmilson

25-3640 CDD 158.1

Angélica Ilacqua – Bibliotecária – CRB-8/7057

Produção editorial e distribuição:

CITADEL
Grupo Editorial

contato@citadel.com.br
www.citadel.com.br

JIM STOVALL

SABEDORIA PARA VENCEDORES

LIÇÕES SIMPLES E ATEMPORAIS SOBRE MINDSET, RIQUEZA E LIBERDADE FINANCEIRA

CITADEL
Grupo Editorial
2025

SUMÁRIO

PREFÁCIO

O *Dicionário Webster's New World* descreve a sabedoria como "a qualidade de ser sábio, de ter bom senso". Ter sucesso na vida pode começar com algo tão simples como ler um livro e pôr em prática a sua mensagem. Um excelente modo de começar é com qualquer um dos vinte livros de Jim Stovall. Em seguida, coloque em prática a sabedoria que Stovall compartilha enquanto você lê os livros ou os artigos dele.

Se você tiver alguma dúvida sobre as qualificações do autor para transmitir sabedoria, talvez conhecer um pouco da formação dele esclareça melhor as coisas.

A mensagem contida em Provérbios 27:19 nos ensina que nós nos tornamos semelhantes àqueles com quem nos associamos: um espelho reflete a face de um homem, mas o tipo de amigos que ele escolhe mostra quem realmente ele é. Jim Stovall escolheu sabiamente seu mentor, Lee Braxton, um associado de Napoleon Hill. Foi Braxton quem fez o discurso fúnebre em homenagem a Hill. W. Clement Stone e Napoleon Hill, em seu best-seller *Atitude mental positiva,* escreveram sobre Lee Braxton.

Braxton nasceu na pobreza em uma família de doze filhos. Era um homem de caráter, um homem religioso que acreditava que Deus é sempre bom. Ao enfrentar dificuldades, perdeu o emprego. A sua casa estava prestes a ser tomada, e tudo parecia perdido. Braxton orou pedindo orientação. Como se fosse uma resposta à sua oração, um amigo lhe deu o livro *Quem pensa enriquece*. Esse amigo havia perdido o emprego e a casa durante a Grande Depressão e conseguiu recuperar sua fortuna depois de ler *Quem pensa enriquece*. Por fim, Braxton fundou um banco e se aposentou aos 44 anos, para se dedicar à vida ministerial.

Além de ser orientado por homens como Lee Braxton, Jim Stovall teve a referência de seu pai, que trabalhou na Oral Robert's University por mais de cinquenta anos.

Jim Stovall é agora um autor renomado, mais conhecido por seu livro best-seller *A dádiva mais preciosa*, que foi transformado em um filme estrelado por James Garner e Abigail Breslin. Stovall é formado pela Oral Roberts University e recebeu o título de doutor *honoris causa* em Direito por seu trabalho com deficientes. Ele é cego e se tornou um dos principais defensores de pessoas com deficiência visual, tornando a televisão e os filmes acessíveis para pessoas cegas. Sua liderança como presidente rendeu à Narrative Television o prêmio Emmy por seu trabalho. Steve Forbes, CEO da revista *Forbes*, disse: "Jim Stovall é um dos homens mais extraordinários de nossa era".

Jim foi escolhido como empreendedor do ano pelo Comitê Presidencial de Oportunidade Igualitária e homenageado com o prêmio Humanitário Internacional do Ano, juntando-se a personalidades como o presidente Jimmy Carter e Madre Teresa, que também receberam essa honraria.

Há vários anos, Jim Stovall escreve uma coluna com o distinto título de "Sabedoria de vencedores". O que começou como um simples pedido para fazer uma pequena peça literária cresceu em popularidade. A coluna se tornou uma obra regular de Stovall e é lida por milhões de pessoas, seja em jornais, revistas ou nas mídias sociais.

Graças à generosidade de Jim, cuja contribuição de muitos anos de trabalho é agora publicada em um livro pela Fundação Napoleon Hill, você irá apreciar o conhecimento e a inspiração contidos em cada página, lendo uma mensagem ou várias de cada vez.

– **Don M. Green** é diretor-executivo da Fundação Napoleon Hill, cargo que ocupa há quatorze anos. Don é membro do conselho da Universidade da Virgínia, em Wise, e presidente do conselho da Wise Foundation, da Universidade da Virgínia. Antes de ocupar o cargo na Fundação Napoleon Hill, ele foi presidente de um banco por vinte anos.

INTRODUÇÃO

Esta vida é uma jornada que pode ser mais bem representada por uma estrada sinuosa e traiçoeira, com muitos atrasos e desvios. Ao passarmos por qualquer fase da vida, pode parecer que estamos diante de um caos total. No entanto, de tempos em tempos, quando alcançamos um marco ou chegamos ao pico de uma montanha e olhamos para trás ao longo de nossa trajetória, muitas vezes podemos observar uma ordem divina que não era aparente enquanto caminhávamos.

Como autor de livros que não sou capaz de ler e que são transformados em filmes a que não sou capaz de assistir, acho irônico que, como uma pessoa cega, eu tenha me tornado um colunista internacional. Depois que meu primeiro livro, intitulado *You Don't Have To Be Blind To See* (Você não tem de ser cego para ver), chegou às livrarias, há quase vinte anos, e começou a fazer um pouco de sucesso, fui contatado pelo editor da revista de negócios da minha cidade natal. Ele perguntou se eu poderia escrever uma coluna, como convidado, para a edição da semana seguinte. Admiti que não sabia como fazer isso, e ele me instruiu a escrever uma coluna sobre qualquer coisa que eu achasse que seria interessante para as pessoas no mundo dos negócios ou para aquelas que estão lutando para alcançar sucesso.

Desliguei o telefone e comecei a ditar essa primeira coluna para minha colega Dorothy Thompson, a quem já ditei mais de vinte livros, inúmeros roteiros de filmes e literalmente centenas dessas colunas ao longo dos anos. Naquele primeiro dia, eu apenas compartilhei alguns pensamentos que me vieram à cabeça e, dez minutos depois, enviei-os por fax ao editor do jornal de negócios. Alguns instantes depois, o telefone tocou, e ele perguntou de onde eu tinha tirado aquela coluna e quando eu a tinha escrito. Garanti a ele que havia ditado a coluna após sua ligação inicial, e a instrução final dele foi para que eu a fizesse toda semana.

Nos anos seguintes, essa coluna semanal – "Sabedoria de vencedores" –, que começou como destaque em um jornal de negócios local, cresceu a ponto de ser publicada em centenas de jornais, revistas e periódicos online em todo o mundo, lida por milhões de pessoas de todos os cantos.

Quando Don Green, que dirige a Fundação Napoleon Hill, entrou em contato comigo para apresentar algumas de minhas colunas neste formato de livro, fiquei animado com a oportunidade. Todos nós que escrevemos livros, fazemos palestras, produzimos filmes ou até mesmo enviamos uma coluna semanal com o intuito de melhorar a vida das pessoas estamos sobre os ombros gigantes de Napoleon Hill. Qualquer pessoa que tenha escrito um livro de autoajuda ou desenvolvimento pessoal nos últimos 75 anos desfrutou de uma vantagem que Napoleon Hill nunca teve. Todos nós nos beneficiamos da obra-prima de Hill *Quem pensa enriquece*, e ele foi forçado a desbravar essa trilha, abrindo novos caminhos dentro da ciência que estuda o sucesso humano.

Um dos meus autores favoritos, Louis L'Amour, costumava dizer: "Nenhum homem pode ser julgado senão com base no tempo e lugar em que viveu". Quando você considera Napoleon Hill sob essa ótica, as realizações dele são incomparáveis.

Este livro foi compilado e apresentado em quatro categorias pela mente fértil de Don Green e pela experiência do meu editor, Dave Wildasin. Sinto-me honrado por esses dois talentosos cavalheiros terem dedicado seu talento, tempo e energia a este projeto. Por favor, note que as colunas aparecem aqui exatamente como foram impressas em publicações ao redor do mundo. Algumas delas têm mais de uma década neste momento, mas a sabedoria é eterna e o contexto cria pontos de interesse.

Este livro foi criado pensando em você. A sabedoria vem da experiência, e a maioria dessas experiências é dolorosa e árdua. Se você é capaz de aprender com a dor e os erros de outra pessoa, você é verdadeiramente uma pessoa sábia. Gostaria de encorajá-lo a ler este livro, da primeira à última linha, mas também a mantê-lo como um texto de referência usando as seções e colunas individuais como um recurso que você pode revisitar à medida que sua jornada de vida exigir uma sabedoria específica.

Espero que este encontro entre nós não seja único. A minha esperança é que, nos próximos meses e anos, enquanto você viaja em direção ao seu próprio sucesso pessoal e profissional, eu possa ser o seu companheiro por meio destas páginas. Sempre que você precisar de mais incentivo ou confirmação adicional de seu próprio potencial e futuro sucesso, entre em contato comigo por e-mail, em Jim@JimStovall.com.

Obrigado por investir seu tempo e dinheiro neste livro. O meu profundo anseio é que esse investimento traga um grande retorno em sua vida.

– JIM STOVALL

2014

1

SABEDORIA PARA O ESPÍRITO

"As lutas, muitas vezes, servem para liberar a sabedoria, a paciência e a força que todos nós temos, mas que raramente demonstramos." – Jim Stovall

Somos muito mais do que a soma total das nossas partes. O seu valor líquido é mais do que dinheiro, e seu valor está muito além do que você percebe. Nunca acreditei que somos seres humanos em busca de uma experiência espiritual. Em vez disso, acredito que somos seres espirituais tendo uma experiência humana.

As pessoas mais talentosas, dotadas e bem relacionadas nem sempre vencem ou têm sucesso. Muitas vezes, o menos provável entre nós sobe ao topo. Esses bens imateriais são o que completa o pacote de mente, corpo e espírito que constitui quem nós somos. Todo sucesso começa em seu espírito, e não há sucesso sem um componente espiritual.

O BANNER DO SUCESSO

Cada um de nós nasce com potencial ilimitado e opções ilimitadas. Quando crianças, temos certeza de que todo o Universo gira em torno de nós. As coisas só são importantes quando impactam ou estão relacionadas com a nossa vida. É quase como se nascêssemos com um banner que proclama: *Eu mereço ser amado*, *sou capaz* e *posso fazer qualquer coisa que esteja determinado a fazer.*

Com o passar do tempo, cometemos o erro de permitir que outras pessoas escrevam em nosso banner. E elas escrevem coisas como: "*Você é feio; você é estúpido*; *você nunca vai dar em nada*".

Assim que terminamos nossos estudos, e estamos prontos para começar a vida, estamos tão sobrecarregados com pichações em nosso banner que a mensagem original muitas vezes fica totalmente obscurecida.

Ninguém pode escrever em seu banner ou colocar uma mensagem em sua mente se você não aceitar. No entanto, devido a nossa própria carência, muitas vezes aceitamos críticas de todos e elogios de ninguém. Quando as pessoas ao nosso redor, que nos conhecem bem, nos dizem que somos especiais ou valiosos, muitas vezes minimizamos isso simplesmente afirmando "tenho sorte" ou "na verdade, não sou tão bom assim". Por outro lado, quando uma pessoa totalmente desconhecida é rude ou nos trata com falta de consideração, temos a tendência de aceitar a maldade dela como algo merecido e absorvê-la.

Por favor, lembre-se de que você nasceu digno de ser amado, capaz e apto para fazer qualquer coisa que decidir. Quaisquer outras mensagens que estiver carregando são coisas que você permitiu que outra pessoa escrevesse em seu banner. Precisamos começar a usar uma borracha mental, a maior que encontrarmos, a fim de revelar a simplicidade da mensagem original.

Hoje é o dia!

UMA LIÇÃO DE UMA CRIANÇA DE 4 ANOS

Se fôssemos realizar uma pesquisa entre os leitores desta coluna para determinar quantos de vocês são capazes de cantar ou dançar, temo que receberíamos a mensagem esmagadora de que a grande maioria dos adultos sente que não tem talento nessas áreas. Por outro lado, se realizássemos a mesma pesquisa entre crianças de 4 anos, iríamos descobrir que praticamente todas elas estão convencidas de que são capazes de cantar, e praticamente todas têm confiança em sua capacidade de dançar.

A maioria das crianças de 4 anos tem pouco ou nenhum talento real; no entanto, são dotadas de uma incrível confiança em seu próprio potencial. Essa confiança, ou certeza de sucesso, é algo com que todos nós nascemos; mas depois trocamos por uma forte dose do que chamamos de realismo.

Logo após chegarmos à idade escolar, aprendemos lições sobre o mundo que gira ao nosso redor, limitando nossa visão e nos tornando realistas. Eu desafio você a encontrar uma estátua ou um monumento já erguido em homenagem a uma pessoa por ela ter sido realista. Todos os sonhadores, todos os realizadores, todas as grandes pessoas mantiveram a fé infantil em seu próprio sonho e sua capacidade de realizá-lo, e essas grandes pessoas tinham um dom enorme de ignorar os gritos do mundo chamando-as à realidade.

Eu desafio você a passar um único dia explorando todos os aspectos, não do que é realista, mas do que é possível. Se conseguirmos dominar isso, começaremos a voltar no tempo e viver nossa vida no reino ilimitado da criança bem-sucedida de 4 anos.

Hoje é o dia!

O DIREITO DE ESCOLHER

Hoje somos inundados de conversas sobre todos os nossos direitos. Ouvimos falar de direitos civis, direitos iguais, direitos das mulheres, direitos das minorias e muitos outros princípios louváveis. Mas quando você de fato pensa sobre isso, o único direito que você e eu temos neste mundo é o direito de escolher.

Nem sempre podemos escolher o que nos acontece, mas sempre podemos escolher o que vamos fazer a respeito disso. Você está onde está em todas as áreas da sua vida por causa das escolhas que fez no passado. Dito de outra forma, todas as escolhas que você fez na sua vida, juntas, trouxeram você a este lugar, neste momento, lendo este artigo.

Enquanto viajo pelo mundo dizendo a milhares de pessoas todos os anos que elas estão onde estão na vida, pessoal e profissionalmente, porque funcionalmente é onde escolheram estar, muitas delas não gostam. Nós nos tornamos uma sociedade de pessoas que adoram culpar alguém por nossa condição.

Então, quando apareço e digo que elas estão onde estão porque foi isso que elas escolheram, elas me dizem coisas como: eu sei que minha vida está bagunçada, mas, se você conhecesse meu cônjuge, saberia por que estou da forma como estou. Outros me dizem coisas como: o meu chefe é um idiota; o tempo está muito quente; os impostos são muito altos; eu sou o filho do meio, ou seja lá o que for, como desculpa para justificar sua vida medíocre. Somente quando aceitamos o fato de que estamos onde estamos por causa das escolhas que fizemos no passado, podemos viver todos os dias pelo resto da vida com a certeza de que podemos fazer qualquer coisa que quisermos se simplesmente fizermos as escolhas certas. O seu destino o aguarda.

Hoje é o dia!

TENTANDO ACOMPANHAR O PADRÃO DE VIDA DE OUTRAS PESSOAS

Como você deve saber, quando não estou me dedicando à minha paixão por falar, escrever livros, fazer filmes e desenvolver estas colunas semanais, eu me dedico à televisão. É importante entender como a mídia e as grandes empresas enxergam você. Pelo fato de estar respirando, você é carinhosamente conhecido como "consumidor".

Os consumidores, segundo a mídia e as grandes empresas, existem com o único e singular propósito de comprar bens e serviços. Para eles, não importa se você compra ou não os bens e serviços adequados, e sim o quanto e com que frequência compra. Por exemplo, no ramo da televisão, a programação ou o programa a que você assiste nada mais é do que um veículo projetado para mantê-lo sintonizado para assistir ao próximo comercial. O seu jornal está cheio de anúncios, e sua caixa de correio está cheia de avisos de empresas implorando para que você compre suas bugigangas.

Se você não estiver feliz agora, não há nenhuma coisa em especial que você irá comprar que o fará feliz. Não confunda "ter" com "ser".

Por favor, entenda que – por si só – não há nada de errado em trabalhar duro para adquirir os bens e serviços que você deseja. Esse é o estilo de vida americano. A verdade é que esse estilo é o que movimenta a nossa economia e o mundo. No entanto, não confunda as coisas que você realmente quer desta vida com as coisas que as grandes empresas e a mídia dizem que você quer. Somos bombardeados com mensagens que nos dizem que só teremos de fato atingido o sucesso se formos capazes de dirigir o carro certo, usar a marca certa de roupas ou beber a bebida certa.

Se você não estiver feliz agora, não há nenhuma coisa em especial que você irá comprar que o fará feliz. Não confunda "ter" com "ser". A mídia dirá a você que ter bens e serviços é a coisa mais importante nesta vida. A realidade é que o ter vem do fazer, e o fazer vem do ser. Decida ser o tipo de pessoa que você quer ser, a pessoa que então fará o tipo de coisa que você deseja fazer nesta vida – aquilo que pode resultar na posse das coisas que você realmente quer.

Concentre-se em ser, não em ter, e você encontrará a felicidade – assim como todos os bens de consumo e serviços que seu coração possa desejar. Certifique-se de que as coisas que você busca são aquelas que você realmente quer, e não uma tentativa de acompanhar o padrão de vida de outras pessoas.

Hoje é o dia!

AS COISAS QUE NÓS FAZEMOS

De tempos em tempos, vale a pena examinar por que fazemos as coisas que fazemos. Não tanto as grandes coisas, mas as tarefas do dia a dia que tomam grande parte de nosso tempo profissional e pessoal. Muitas vezes, estamos presos a "fazer as coisas do jeito que sempre fizemos", "fazer as coisas do jeito que nos mandaram" ou a fazê-las "de acordo com o manual". Em linguagem popular, isso é conhecido como "pensar dentro da caixa".

Embora certamente não haja nada de errado em fazer tarefas rotineiras de forma rotineira, periodicamente precisamos examinar por qual motivo as fazemos – especialmente à luz de nossas metas e objetivos.

Todos nós já ouvimos a história da mãe assando um tender para a Páscoa. Antes de colocá-lo na panela, ela cortou um pedaço da extremidade e o deixou de lado. A sua filha pequena, que estava com ela na cozinha, faz então uma pergunta lógica: "Por que você tira um pedaço da carne antes de colocá-la na panela?". A mãe responde: "É assim que sempre fizemos". A menina, que não estava sujeita à paralisia mental com que a maioria vive, indagou por que sempre havia sido feito daquele modo. Obrigada a pensar nisso, a mãe percebeu que não sabia. Era simplesmente a forma como ela fora ensinada por sua mãe.

Durante o jantar, a mãe perguntou para a avó por que ela cortava a ponta do presunto antes de colocá-lo na panela. A resposta foi a que já se esperava: "Foi assim que sempre fizemos".

Quando a pergunta "Por quê?" persistiu, ela decidiu ir ao telefone e ligar para a bisavó, que morava em uma casa de repouso. Quando a matriarca da família foi questionada sobre o porquê de sempre ter cortado a ponta do presunto e ter ensinado a filha a fazer o mesmo, que por sua vez havia ensinado para a neta e a bisneta, ela deu uma boa risada e respondeu: "Quando eu era uma jovem recém-casada, eu só tinha uma panela pequena, e tive que cortar a extremidade do presunto para que ele coubesse".

Embora essa história já tenha sido contada muitas vezes, é prudente refletirmos sobre como investimos nossa energia nas tarefas diárias que temos diante de nós.

Hoje é o dia!

ESPERE PELO MELHOR

Espero não ser a primeira pessoa a informá-los do fato solene e inevitável de que a vida não é justa. Infelizmente, nem sempre conseguimos o que queremos, merecemos ou conquistamos. No entanto, conseguimos o que esperamos. Caminhamos inevitavelmente em direção ao nosso pensamento mais dominante.

Nós somos o que pensamos. Isso já foi dito de cem maneiras diferentes por grandes homens e mulheres ao longo dos últimos cinco mil anos de história registrada. Muitas vezes, o sucesso ou o fracasso torna-se um hábito. Muitas vezes, aquelas pessoas que parecem levar a vida de tragédia em tragédia, tornando-se cada vez mais abatidas, irão dizer: "Eu sabia que isso iria acontecer". Por outro lado, aqueles que são vitoriosos em todas as arenas da vida parecem vencer vez após vez e esperam que essa seja a parte que lhes cabe.

À medida que tocamos a vida, é importante lembrar que sempre encontramos o que estamos procurando. Se você começar o dia de hoje pensando que será um dia ruim, em breve as coisas começarão a se organizar para atender à sua expectativa. Por outro lado, se começar o dia esperando por coisas grandiosas, este pode ser um dos melhores dias de sua vida.

Ironicamente, talvez as circunstâncias não mudem, mas sempre encontramos o resultado que estamos buscando. Quantos dias ótimos todos nós perdemos porque estamos ocupados demais destacando as coisas negativas ao nosso redor, em vez de nos deleitarmos com as coisas maravilhosas que a vida nos dá?

Eu lhe peço um favor. Por um dia, espere que grandes coisas aconteçam, busque por elas a todo momento e as visualize acontecendo. No momento em que você colocar a cabeça no travesseiro, terá desfrutado de um dia excepcional. Se o meu sistema não funcionar, você ficará feliz em saber que ele vem com uma garantia de devolução, e você terá todos os dias pelo resto de sua vida para esperar pelo pior, buscá-lo e experimentá-lo.

A vida não é tanto o que nos acontece, mas, sim, como percebemos o que nos acontece. Desejo a você uma vida cheia daquilo que você espera.

Hoje é o dia!

NADA E TUDO

A lembrança mais duradoura que tenho dos tornados de Oklahoma é a de um jovem pai sendo entrevistado na rádio. Enquanto ele permanecia com a esposa e os dois filhos no local de terra árida que horas antes havia sido sua casa, com tudo o que possuía, disse estas palavras que guardarei comigo sempre: "Perdemos absolutamente tudo. Não temos mais nada além das roupas do corpo". Então, após uma breve pausa, ele continuou: "Mas acho que temos sorte, já que toda a nossa família está sã e salva. Temos tudo o que é importante".

Ter perdido tudo e ainda ter tudo parece contraditório, mas não é. Ao refletir sobre a lição apresentada pelo jovem pai, percebo que todos nós passamos muito tempo acumulando coisas que, em última análise, têm pouca importância. E, muitas vezes, não entendemos o que é realmente precioso até que as coisas menos significativas desapareçam.

As áreas devastadas seriam reconstruídas e restauradas; as vidas destruídas e arruinadas seriam recompostas; e as famílias que perderam entes queridos encontrariam, de alguma forma, forças para continuar. Parece que nos firmamos como um povo nos momentos mais difíceis. Poucas horas após os tornados, voluntários sem nome apareceram e trabalharam de forma incansável e abnegada por dias. Cargas de alimentos e suprimentos foram levadas às pressas para quem precisava. Equipes de emergência, agências governamentais e privadas, bem como igrejas e organizações sem fins lucrativos, tiveram seu melhor momento.

Às vezes parece que damos o nosso melhor quando a vida nos dá o pior.

A capacidade que as pessoas têm de sair dos escombros de suas vidas e seus sonhos destruídos e de, em poucos dias, estar reconstruindo-os, maiores e melhores, nos deixa orgulhosos. Mas nunca nos esqueçamos de que, quando você perde tudo o que possui, mas ainda tem amigos e familiares ao seu redor, bem como o desejo de continuar, você ainda tem tudo.

Hoje é o dia!

A CHAVE PARA A FELICIDADE

Neste dia a dia que costumamos chamar de vida, existem aqueles momentos raros e especiais em que nos elevamos acima da intensa competitividade e experimentamos o nosso verdadeiro destino. No final das contas, acredito que – mais do que qualquer outra coisa – o objetivo da vida é ser feliz buscando ativamente fazer os outros felizes. A maioria das pessoas está ocupada demais ganhando a vida para realmente ter uma vida. A felicidade é muitas vezes evasiva e passageira.

Há três elementos que, quando combinados, resultam sempre em felicidade. Como um banquinho de três pernas, eles trabalham em conjunto. Quando falta um elemento, os outros dois ficam totalmente desguarnecidos.

Para sermos verdadeiramente felizes no sentido mais amplo da palavra, devemos ter algo para fazer, alguém para amar e algo pelo que ansiar. Com essas três coisas, iremos experimentar felicidade e alegria. Tire um ou mais desses elementos, e estaremos apenas tateando no escuro por aquele "algo" evasivo, ausente, intangível, indefinível, que só sabemos que existe porque parece que não o temos.

"Algo para fazer" representa o investimento do bem mais precioso que todos nós temos: o nosso tempo. Todos nós temos a mesma quantidade de horas e minutos todos os dias. O sucesso e a felicidade estão na balança que se baseia em como investimos o nosso tempo. Muitas pessoas pensam que o paraíso seria uma ilha tropical maravilhosa onde não há nada para fazer o dia todo. Há muitos livros cheios de exemplos de pessoas nessas ilhas, totalmente empenhadas em fugir dali.

"Alguém para amar" representa o tanto de estima e carinho que investimos nos outros. Para experimentar a felicidade, precisamos nos afastar emocionalmente de nós mesmos para ter influência sobre a vida de outras pessoas.

"Algo pelo que ansiar" é o investimento de esperança e energia que cultivamos em um tempo que ainda não chegou. Ninguém pode verdadeiramente ser feliz vivendo apenas no aqui e agora. Temos que aceitar o fato de que há mais nesta existência do que temos atualmente diante de nós.

Da próxima vez que você estiver vivenciando um "desespero silencioso", examine sua alma e determine se está faltando algo para fazer, alguém para amar ou algo pelo que ansiar. Eis aí a chave da sua felicidade.

Hoje é o dia!

VOCÊ NÃO É O SEU DESEMPENHO

Vivemos em uma sociedade totalmente orientada por resultados. Você é considerado tão bom quanto a sua vitória mais recente. Isso tem produzido um consistente estado de baixa autoestima para muitas pessoas.

Recentemente, assisti ao campeonato nacional de basquete. Durante meses, o objetivo de todos os times do país é se classificar para o torneio. Então, no final da temporada, são selecionadas 64 equipes de várias partes do país. À medida que o torneio avança, as equipes são eliminadas uma a uma até que, no final da temporada, a equipe restante recebe o título de campeã nacional.

Entre todos os participantes que começaram no início da temporada, e entre todos os 64 melhores que, de fato, se classificaram para o torneio, apenas uma equipe sai vencedora. Se algo assim for o nosso único objetivo, a maioria de nós está fadada ao fracasso. *O sucesso está no equilíbrio entre buscar e lutar, por um lado, e estar em paz e satisfeito, por outro*. Esse equilíbrio só pode ser alcançado quando fazemos uma distinção entre a nossa autovalorização e o nosso desempenho.

As crianças pequenas parecem entender isso de forma inata. Quando você tem 6 anos, não há problema em se divertir enquanto joga um jogo, quer você ganhe ou perca. Infelizmente, à medida que crescemos, a experiência de perder é negativa, porque nos identificamos com o nosso desempenho.

O sucesso está no equilíbrio entre buscar e lutar, por um lado, e estar em paz e satisfeito, por outro.

Todos temos um valor que foi incutido dentro de nós. Esse valor é totalmente distinto do nosso desempenho. Todo dia é possível ler em algum jornal a respeito de grandes atletas, estrelas de cinema ou campeões do mundo dos negócios cuja vida pessoal é um total fracasso. É possível que o desempenho deles esteja em um nível máximo, embora a vida deles não esteja.

Nunca tenha como objetivo possuir coisas ou alcançar *status*. Em vez disso, procure ser o tipo de pessoa que naturalmente fará a coisa certa – o que irá resultar naquilo que nossa cultura chama de sucesso.

Hoje é o dia!

NÃO PERCA A MENSAGEM

Muitas vezes, nos vemos envolvidos na prática contraproducente de nos prendermos a detalhes enquanto perdemos o panorama geral.

Lembro-me de quando criança ouvir a história de Jonas e a baleia. Essa história tem uma série de princípios significativos que podem impactar nossa vida hoje. Recentemente, eu estava ouvindo um *talk show* noturno na rádio. Ouvi um grupo de estudiosos e vários interlocutores de todo o país debatendo questões sobre a história de Jonas e a baleia. As perguntas variavam de "Era realmente uma baleia ou um peixe grande?" a "como Jonas poderia permanecer vivo por três dias debaixo d'água – ainda que fosse dentro de uma baleia, um peixe ou o que quer que fosse?".

À medida que a conversa e o debate iam ficando monótonos, percebi que aquelas pessoas estavam presas nos detalhes e perdendo o panorama geral. Elas estavam debatendo pontos sem importância que nunca podem ser totalmente confirmados ou negados, enquanto deixavam de lado a mensagem pertinente que pode ser aplicada a todos. Um mensageiro não precisa ser perfeito para que possamos receber uma mensagem poderosa.

Gandhi disse: "Todo homem é superior a mim, já que posso aprender algo com ele".

Imediatamente após o incidente de Watergate, Richard Nixon tornou-se uma figura pública muito difamada. Tudo o que ele dizia e fazia era escrutinado e desconsiderado por causa dos detalhes bem documentados do caso Watergate. Mais tarde na vida, Nixon se redimiu, até certo ponto, e se tornou um respeitado autor, conferencista e figura ilustre. As pessoas passaram a reconhecer que, embora Nixon tivesse cometido erros, como todos nós, ele provavelmente tinha uma das mentes mais brilhantes de sua geração no que dizia respeito a assuntos internacionais. Por muitos anos após o incidente de Watergate, todos ignoraram totalmente o que Nixon tinha a dizer, porque ele havia se tornado um mensageiro falho.

Gandhi disse: "*Todo homem é superior a mim, já que posso aprender algo com ele*". Isso é uma verdade, e, além disso, cada experiência, situação, livro, conversa – entre outras coisas – pode nos ensinar algo.

Nem todos os detalhes precisam ser totalmente definidos ou totalmente compreendidos para recebermos algo valioso. O mensageiro pode ser desconhecido ou totalmente falho, mas a mensagem pode ser válida. Portanto, em todas as situações, devemos nos perguntar, independentemente dos detalhes, das circunstâncias ou do mensageiro: "O que posso aprender com isso e como isso se aplica a mim?".

Hoje, prometa buscar sabedoria e conhecimento de todas as fontes, não apenas daquelas que você entende completamente ou das que atendem a algum padrão arbitrário da sociedade.

Hoje é o dia!

UM HOMEM CHAMADO "TREMENDO"

Eu tenho um amigo querido que publicou o meu quarto livro. Seu nome é Charlie "Tremendo" Jones. Charlie obteve esse apelido singular quando escreveu um livro há muitos anos intitulado *Life is Tremendous*. Se você é um leitor assíduo de "Sabedoria de vencedores", sabe que raramente recomendo um livro específico, mas, se quiser experimentar tudo o que a vida tem a oferecer, o livro de Charlie é uma leitura obrigatória.

Gastamos muito tempo, esforço e energia nos preocupando com o que as outras pessoas pensam de nós. A verdade é que as opiniões que temos a nosso respeito e os rótulos que damos a nós mesmos são as únicas coisas que realmente importam. Pense no que deve significar passar a vida sendo chamado de "Tremendo". Isso afetaria você todos os dias, quer percebesse ou não.

Quantas vezes ouvimos outras pessoas chamarem a si mesmas de preguiçosas, estúpidas, feias, depois de terem cometido um erro humano comum? Todos os dias, todos nós fazemos tanto coisas que nos fazem sentir bem como coisas das quais não nos orgulhamos. O que importa são as mensagens que dizemos a nós mesmos. Nós não somos o nosso desempenho, nem somos o que pensam e sentem os outros ao nosso redor. Somos, sim, a personificação dos rótulos que damos a nós mesmos.

Imagine se, ao cometer um erro, em vez de pensar "como sou estúpido", você simplesmente dissesse ou pensasse: "Eu sou tremendo, mas isso que fiz não foi algo tremendo". Essa simples mudança, intensificada centenas e milhares de vezes ao longo de meses e anos, irá mudar a maneira como você se vê. Então, a forma como você se vê irá mudar as suas expectativas. As suas expectativas irão mudar as suas ações. As suas ações irão mudar os seus hábitos. Os seus hábitos irão mudar o seu caráter. E seu caráter irá redefinir você.

Se você não tem um apelido para dar a si mesmo inconscientemente, eu gostaria de lhe emprestar o de Charlie. Não tenho a permissão dele para emprestar esse nome a você, mas qualquer um que seja "Tremendo" certamente não irá se importar. Hoje, ao executar as suas tarefas rotineiras, lembre-se de pensar em si mesmo como "Tremendo". Identifique-se como "Tremendo" e você irá instantaneamente notar mudanças em si mesmo e no mundo ao seu redor.

Charlie Jones estava certo. "A vida é tremenda."

Hoje é o dia!

A OPINIÃO QUE REALMENTE IMPORTA

Sempre tentamos viver à altura das expectativas que temos para nossa vida. Às vezes, essas expectativas são aquilo que esperamos de nós mesmos, mas quase sempre são expectativas que permitimos que outras pessoas imponham sobre nós. Se não tivermos cuidado, podemos nos ver lutando a batalha de outra pessoa enquanto perdemos nossa própria guerra.

Há anos, a pressão da sociedade e da mídia tem nos estimulado a acompanhar o estilo de vida de outras pessoas. A menos que você seja influenciável, um "maria-vai-com-as-outras", não há nenhuma razão prática ou lógica para que você defina seus padrões com base nos de outras pessoas.

Ao término de muitas das minhas palestras, tenho a oportunidade de falar individualmente com as pessoas sobre seus objetivos de carreira e de vida. Muitas vezes, parece que todos os objetivos são aquelas ideias semelhantes e produzidas em massa que nós consumimos. Às vezes, é necessário fugir de todo estímulo e pressão externa para simplesmente refletirmos sobre "o que realmente é importante para mim na minha vida".

Suponha que dinheiro, tempo, educação e outros fatores não entrem em seus objetivos de vida. Todos sabemos que, no final, esses fatores contam, mas é importante não confundir o "Como vamos fazer isso?" com a decisão de "O que vamos fazer?".

Gastamos muito de nosso tempo, esforço e energia tentando garantir que os outros pensem o melhor sobre nós. Acho que não iríamos nos preocupar tanto com o que as outras pessoas pensam de nós se percebêssemos o quão raramente elas, de fato, pensam em nós.

A maneira de construir uma boa vida é simplesmente juntar uma série de bons dias. Um bom dia pode ser definido como aquele em que, ao colocar a cabeça no travesseiro, você pode refletir sobre as atividades do seu dia e ficar satisfeito. O ideal é que você esteja satisfeito não apenas com o quão bem se saiu na busca de seu objetivo, mas também que esteja profundamente satisfeito por estar buscando o objetivo certo.

Assuma o compromisso de buscar as coisas que realmente importam para você e sua família. Deixe que o resto do mundo tente acompanhar o estilo de vida de outras pessoas, seja quem for.

Hoje é o dia!

PRIORIDADES E AGENDAMENTOS

Todos nós, diariamente ou semanalmente, de alguma forma reduzimos as nossas atividades a um cronograma. Existem pessoas que usam organizadores ou agendas, outras rabiscam anotações em blocos de papel, e algumas usam sistemas tão obscuros que desafiam a descrição. No entanto, cada um, à sua maneira, cria uma lista mental ou literal de "afazeres" para o dia.

Ao examinarmos a nossa lista de atividades todos os dias, geralmente estabelecemos prioridades. Ou seja, determinamos quais dessas atividades são as mais importantes e quais podem esperar um pouco mais, se necessário.

Recentemente, estive em uma viagem de negócios e lazer e tive algum tempo para pensar sobre algumas prioridades. Não só as prioridades na minha vida empresarial, mas as minhas prioridades na vida pessoal também. Descobri que as coisas que são mais importantes para mim, em um sentido geral, raramente ou nunca são incluídas na minha lista diária de prioridades. Percebi que tenho cometido o erro de priorizar minha agenda em vez de agendar minhas prioridades. Há uma grande diferença aqui, e espero que você compreenda e aplique isso em sua vida.

Quantos de nós temos esperado para tirar aquele fim de semana de três dias ou almoçar com um velho amigo, quando surgir um tempo disponível em nossa agenda? Você conhece a velha história tão bem quanto eu: o tempo nunca está disponível, e as coisas só acontecem quando são agendadas. Por essa razão, para sermos bem-sucedidos como seres humanos, devemos pegar as prioridades da vida, que todos temos, e garantir que todas elas se encaixem em nossa agenda. As nossas atividades comerciais podem se ampliar a ponto de tomar conta do dia todo, a menos que, em primeiro lugar, agendemos as nossas prioridades.

O tempo para o crescimento familiar e pessoal deve ser bloqueado em nossos calendários antes que o amontoado de atividades diárias assuma o controle em nossa vida.

Lembre-se de que o ontem é história, o amanhã é um mistério e o hoje é uma dádiva. É por isso que ele é chamado de "presente". Certifique-se de viver dessa maneira e planeje viver assim no futuro.

Hoje é o dia!

UMA CAIXA CHEIA DE COISAS

Todos nós passamos por aqueles momentos aparentemente insignificantes da vida que, em retrospectiva, são decisivos. Lembro-me do dia em que nossa família decidiu que meu avô não poderia mais morar sozinho, e precisaria se mudar para uma casa de repouso. Ele estava próximo dos 90 anos de idade e havia mais de sessenta anos que vivia no mesmo lugar. A casa estava cheia de bugigangas, lembranças, tesouros pessoais e memórias.

No fatídico dia em que ele se mudaria para outra cidade, a aproximadamente 320 quilômetros de distância, onde mais membros de nossa família estariam perto dele, tomamos providências para facilitar ao máximo a mudança. Como sou cego, não dirijo, mas sou abençoado por ter uma limusine e um motorista. Pedi ao motorista para buscar meu avô e todas as suas "coisas" na limusine. O meu avô havia andado na limusine várias vezes, mas – como resultado da Grande Depressão – ele nunca conseguiu se sentir confortável com ela; no entanto, como é o automóvel mais espaçoso que se possa imaginar, pensei que ele precisaria dele para carregar todas as suas "coisas".

Quando o motorista voltou e me avisou que havia deixado o meu avô na casa de repouso, perguntei se havia tido espaço suficiente para todas as "coisas" dele. O motorista riu e respondeu: "Ele só tinha uma caixinha, e eu a coloquei no banco ao meu lado".

Liguei para a casa de repouso para ter certeza de que ele tinha tudo de que precisava. Os funcionários me garantiram que estava tudo em ordem. Embora, nas semanas e meses seguintes, os meus pais tenham levado para o meu avô vários outros itens que eles achavam que ele poderia precisar, o que me chamou a atenção é que, depois de uma vida inteira adquirindo "coisas", as necessidades básicas dele se resumiram a uma caixa.

Isso nos leva a questionar: quanto do que achamos que precisamos ter são coisas realmente necessárias? E quanto do que estamos buscando são simplesmente diferentes tipos de "coisas" que a mídia ou a sociedade têm vendido a nós?

As nossas necessidades básicas são muito simples. As "coisas" que vão além disso ou são a cereja do bolo ou a bagagem extra que nos sobrecarrega. Certifique-se de possuir as suas "coisas", em vez de suas "coisas" possuírem você.

Hoje é o dia!

O MELHOR AINDA ESTÁ POR VIR

Tenho um amigo que, durante anos, terminou todas as suas conversas e correspondências com a frase: "O melhor ainda está por vir". Isso é mais do que uma trivialidade agradável. Isso deixa você com a expectativa positiva de que hoje será um bom dia.

À medida que a população envelhece, nossa sociedade encara a perspectiva de cuidar de corpos e mentes mais velhos. O elemento crítico da qualidade de vida de alguém não é a idade da sua mente e do seu corpo, mas o quão velho ou renovado é o seu espírito. Todos nós conhecemos pessoas na faixa dos 20 ou 30 anos que são idosas em espírito. Por outro lado, assim como eu, você provavelmente conheceu pessoas na faixa dos 80 ou 90 anos que ainda são jovens de coração e cheias de vida. Acredito que a diferença esteja no lema do meu amigo: "O melhor ainda está por vir".

Envelhecemos em nossas atitudes quando começamos a acreditar que nossos melhores dias ou as melhores coisas da vida ficaram para trás. Começamos a nos apegar às lembranças em vez de à expectativa pelo amanhã. Por outro lado, seja qual for a nossa idade, se pressupusermos que "o melhor ainda está por vir", isso se tornará uma profecia autorrealizável e nos garantirá um ótimo dia pela frente.

Já falamos antes, nestas breves conversas que chamo de "Sabedoria de vencedores", sobre os três elementos necessários para a felicidade: algo para fazer, alguém para amar e algo pelo que ansiar. Se pudermos viver com a expectativa de que "o melhor ainda está por vir", sempre teremos algo pelo que ansiar e acharemos muito mais fácil identificar algo para fazer e alguém para amar.

Todos nós temos momentos difíceis e dias ruins. A diferença está em como olhamos para essas experiências. Algumas pessoas enxergam as dificuldades como o curso normal de sua existência. Outras olham para os problemas como um breve intervalo na vida que será seguido por coisas emocionantes e dias melhores.

Lembre-se, nem sempre conseguimos o que queremos, precisamos ou merecemos. No final, de fato conseguimos o que esperamos. Passe o dia de hoje tendo a maior das expectativas, e você irá, como meu amigo, descobrir que "o melhor ainda está por vir".

Hoje é o dia!

MINHA GUITARRA CHORA SUAVEMENTE

Nas últimas duas semanas, perdi três pessoas muito especiais na minha vida. Em meio a todos os funerais, velórios e homenagens, tenho estado em clima de reflexão.

Hoje de manhã, eu me levantei cedo para a minha habitual sessão de treino. Como de costume, liguei o rádio, para ter alguma música para acompanhar meus exercícios. A primeira foi a clássica "Something", de George Harrison. Um gigante, ninguém menos que Frank Sinatra, disse que essa era a sua canção favorita. Em seguida, tocaram outra música de Harrison, "Here Comes the Sun", que sempre me deixa positivo e esperançoso. Por fim, eles tocaram a terceira música de Harrison em uma sequência: "While My Guitar Gently Weeps". O assombroso dueto de George Harrison e Eric Clapton foi o que originalmente motivou muitos de nós a tocar guitarra e/ou ouvir músicas maravilhosas com esse instrumento. Enquanto a canção lentamente desvanecia, um locutor emocionado afirmou: "George Harrison faleceu ontem à noite, aos 58 anos".

Harrison era o mais novo, e provavelmente o menos conhecido, dos quatro Beatles. Ele ganhou a primeira guitarra quando tinha 13 anos, e tempos depois ensinou John Lennon a tocar. As composições deles ensinaram muitos de nós a tocar. Goste ou não da música de Harrison, você pelo menos tem que admitir que ele deixou um legado duradouro para o mundo.

Em cada geração há bem poucas pessoas que conseguiram incorporar os pensamentos, os sentimentos e o espírito de seus contemporâneos. George Harrison conseguiu isso. Seja como for, na virada do próximo século, as pessoas ainda ouvirão as melodias de George Harrison. A longa visão da história o julgará, e também as suas realizações. A ponderação do tempo o ajudará a se estabelecer em seu lugar de direito nos livros de história.

O importante para você e para mim é perceber que o tempo segue em frente, nada é para sempre, e cada um de nós deve buscar o legado que irá deixar. Em última análise, mais importante do que mudar o mundo ou não, é como você muda a vida daqueles a quem toca todos os dias. Na verdade, cada um de nós muda o mundo todos os dias ao tocar as vidas ao nosso redor.

Persiga seus sonhos como se você fosse viver para sempre, e considere seu legado como se este fosse seu último dia.

Hoje é o dia!

PILARES

Há muitos anos, enquanto falava com um grupo de jovens, deparei-me com um dilema. Eu estava explicando ao meu público de pré-adolescentes que é vital sempre sair da nossa zona de conforto e desenvolver tarefas que nunca tentamos. Um jovem particularmente enérgico perguntou se havia algo que eu queria ter feito que eu não tivesse tentado. Antes que eu pudesse pensar sobre isso, ouvi a mim mesmo dizer: "Sempre quis escrever poesia".

Ele ecoou minhas palavras de volta para mim, dizendo: "É vital sempre sair da nossa zona de conforto e desenvolver tarefas que nunca tentamos". Para sua consideração, aqui está o primeiro de muitos poemas que escrevi e que sempre serão dedicados àquele jovem.

Se eu for sonhar, que eu sonhe magnificamente.
Que eu sonhe pensamentos e ideais grandiosos e elevados
Que sejam dignos de mim e dos meus melhores esforços.

Se eu for me esforçar, que eu me esforce poderosamente.
Que eu consuma a mim mesmo e ao meu próprio ser
Em busca desse sonho magnífico.

E se eu for tropeçar, que eu tropece, mas persevere.
Que eu aprenda, cresça e me desenvolva
para me juntar à batalha renovado
Outro dia e outro e outro.

Se for para eu vencer, como devo,
que eu o faça com honra, humildade e gratidão
Com aquelas pessoas e coisas que tornaram a vitória possível
E tão agradável.

Pois a cada um de nós foi dada a vida como um terreno vazio
Com quatro pilares.
Esses quatro pilares são a capacidade de sonhar,
A capacidade de se esforçar,
A capacidade de tropeçar, mas perseverar,
E a capacidade de vencer.

O homem comum vê o seu terreno como pouco mais
Do que um lugar para se sentar e refletir
sobre as coisas que nunca ocorrerão.
Mas o homem incomum vê o seu terreno como um castelo,
Uma catedral,
Um lugar de aprendizado e cura.

Pois o homem incomum entende que
nesses quatro pilares
O Todo-Poderoso nos deu tudo e mais alguma coisa.

Hoje é o dia!

ALÉM DA BARREIRA

Todos nós temos medos que precisamos enfrentar. Esses medos nos levam a fazer certas coisas e a deixar de fazer outras. O medo é uma resposta muito natural e normal na maioria dos casos. No entanto, de tempos em tempos, é importante nos perguntarmos: "Os meus medos atuais são preocupações bem fundamentadas que estão me mantendo longe de problemas ou são pensamentos irracionais que estão me mantendo longe de onde eu deveria estar?".

Muitas pessoas em nossa sociedade têm medo de viajar de avião. Os medos vão desde uma sensação de desconforto pouco antes da decolagem até o terror que as impede até mesmo de se aproximar de um aeroporto. Certo grau de medo em relação a voar é bom. Se você vai pegar uma engenhoca de metal enorme que pesa toneladas e enchê-la de pessoas e depois jogá-la no ar, um grau adequado de preocupação, cautela e planejamento prévio é importante. Por outro lado, se alguém está perdendo os muitos benefícios que as viagens aéreas modernas podem proporcionar por causa de um medo irracional e infundado, talvez valha a pena investigar.

Admito ter certo grau de medo no que diz respeito ao paraquedismo. Sinto que resolvi isso na minha vida, pois não tenho absolutamente nenhum desejo de pular de um avião sem nada entre mim e a morte, a não ser por um pedaço de pano. Como não tenho necessidade ou desejo real de praticar o paraquedismo, o medo que tenho realmente não me afeta de forma significativa. Por outro lado, se tivesse medo de conhecer novas pessoas ou de ir a novos lugares, seria algo com que eu teria de lidar para seguir a minha paixão e o meu destino.

Em última análise, o fator determinante deve ser os nossos próprios objetivos e buscas. Se as barreiras que permitimos que se ergam em nossa mente estão nos impedindo de buscar o melhor que a vida tem a oferecer, é hora de fazer um ajuste. Lembra de quando você era jovem e tinha medo de pular do trampolim, de andar de bicicleta ou de ir para a escola sozinho? Esses eram medos muito reais naquele momento da sua vida, mas, se você tivesse cedido a eles, pense em tudo que teria perdido. Se o medo está afastando você do seu destino, lembre-se de que a grandeza se encontra além da barreira.

Hoje é o dia!

UMA LIÇÃO DO AQUÁRIO

Na minha casa não há cães ou gatos, pois nossas viagens dificultam ter esses animais de estimação; no entanto, nos últimos anos, temos sido os orgulhosos donos e cuidadores de um peixe tropical que cresceu muito. Recentemente, fomos avisados de que seria melhor para ele ter um tanque maior. Então, dobramos o seu espaço de moradia comprando um novo aquário.

Depois de preparar todos os produtos químicos e apetrechos variados necessários para instalar um novo tanque de peixes, na hora marcada nós o tiramos solenemente do aquário antigo e o colocamos em sua nova casa. Ainda que houvesse o dobro do espaço desfrutado anteriormente, ele simplesmente nadou em um espaço pequeno e confinado no canto de seu novo aquário. Ele obviamente havia se acostumado a viver em um espaço pequeno.

Muitos de nós cometemos esse mesmo erro em nossa vida pessoal e na profissional. Presumimos que o futuro está limitado pelo passado, e nossa capacidade não pode ser ampliada ou expandida. Muitas vezes, a nossa justificativa para seguir um curso familiar é simplesmente o fato de ele ser familiar. A frase "Sempre fizemos assim" é ouvida com demasiada frequência.

O peixe levou vários dias para ampliar lentamente seus horizontes e ocupar toda a sua nova casa. E depois de várias semanas tenho o prazer de informar que está tudo bem dentro do nosso aquário. Tenho certeza de que em um curto período esse novo tanque se tornará normal, e, se fôssemos transferir o peixe para um aquário ainda maior, ele passaria pela mesma dor de crescimento e adaptação de antes.

Um pouco de sucesso no passado pode limitar o nosso futuro. Passamos muito tempo olhando para trás e vendo como já fomos bem-sucedidos em uma escala maior; no entanto, muitas vezes deixamos de olhar para o futuro e explorar como podemos tornar o amanhã maior e melhor do que hoje.

O nosso passado é útil como aprendizado e serve como base, mas a história nunca deve ser usada para definir o futuro. Perceba que cada dia começa como uma página em branco. Faça valer a pena.

Hoje é o dia!

AMANHÃ NÃO É O DIA

Aqueles de vocês que são leitores assíduos deste meu esforço contínuo sabem que cada uma das minhas colunas termina com a frase *"Hoje é o dia!"*. Esse é um lembrete constante de que o ontem nada mais é do que uma memória passageira e o amanhã nada mais é do que uma promessa esperançosa. Hoje é a nossa única existência.

Nós, aqui na civilização ocidental, não conseguimos dominar o conceito de viver o momento. Passamos tanto tempo nos preocupando com o ontem ou planejando o amanhã que deixamos de viver o hoje.

Pense em tentar viver a sua vida "de propósito". Isso significa realmente fazer o que você está fazendo com toda a sua mente, o seu corpo e espírito. Não fique fazendo uma coisa e pensando em outra. Esse esforço consciente de "viver o momento" fará com que você seja melhor nas coisas que faz; todavia, o mais importante, fará com que você examine o significado das tarefas nas quais decide investir o seu tempo.

Lembre-se de que este momento do dia é tudo o que realmente temos. Como sempre, hoje é o dia!

Uma das razões pelas quais deixamos nossa mente vagar pelo passado ou pelo futuro é porque preenchemos nossos dias com atividades chatas e sem sentido. Algumas delas são inevitáveis, mas temos de eliminar constantemente o maior número possível de atividades que desperdiçam o nosso tempo. Uma vida vivida em sua plenitude nada mais é do que uma série de anos, meses, semanas e dias vividos da mesma maneira. De alguma forma, quando fazemos planos para o futuro, só pensamos em coisas que têm muito significado para nós.

O nosso futuro só pode ser significativo se o construirmos com base nas tarefas significativas que realizamos hoje.

Lembre-se de que este momento do dia é tudo o que realmente temos. Como sempre, ***hoje é o dia!***

DISPONDO AS CARROÇAS EM CÍRCULO

Todos nós temos uma grande dívida com aquelas almas corajosas que enfrentaram fronteiras desconhecidas enquanto cruzavam o continente norte-americano em carroças cobertas. Independentemente de onde você vive, é provável que os primeiros colonos tenham chegado à sua região dessa forma primitiva ou de modo bastante semelhante. Podemos aprender muito com esses indivíduos ousados e visionários.

Uma das práticas desses primeiros colonos que podemos aplicar pessoalmente e profissionalmente em nossa vida é a disposição das carroças em círculo. Sempre que era ameaçada, a longa fila de carroças alterava sua formação em linha e formava um círculo. Dentro desse círculo de carroças, as pessoas e os bens mais preciosos eram reunidos para serem protegidos por itens menos valiosos que poderiam ser sacrificados se fosse necessário.

Embora todos os bens dentro das carroças cobertas fossem valiosos, esses colonos descobriram que havia um nível ainda maior de prioridade dentro de sua própria hierarquia de valor. Eles estavam dispostos a sacrificar ferramentas e utensílios necessários e até mesmo suas carroças para salvar, antes de tudo, os membros da família e, depois, as heranças valiosas e tesouros familiares.

Talvez seja importante que você se submeta a um breve exercício. Imagine que sua casa está pegando fogo. Liste as dez coisas que você mais gostaria de salvar da destruição. Essas talvez sejam ou não as coisas que você acha que mais valoriza. É esclarecedor, de tempos em tempos, imaginar uma crise pessoal ou profissional e pensar nas pessoas e coisas que são valiosas e confiáveis com as quais você gostaria de se cercar.

Muitas vezes, sou lembrado do homem primitivo que vagava livremente pelas montanhas rochosas muito antes de regiões assim serem habitadas. Ele era capaz de se mover livremente ao longo de belas trilhas aonde poucas pessoas eram capazes de ir. Anos mais tarde na vida, ele obteve mais posses e riquezas. Enquanto viajava pela área em uma carroça, viu-se forçado a pegar uma estrada deserta em vez de sua amada trilha de montanha. Ao contemplar os belos picos montanhosos ao longe, percebeu que sua busca por algumas coisas materiais havia mudado o rumo de suas viagens e o curso de sua vida.

Se não tivermos cuidado, muitas vezes estaremos nos esforçando para obter ou manter relações e posses que são menos valiosas do que aquelas que estamos sacrificando em nossa busca fútil por coisas que não queremos.

Hoje é o dia!

ESCREVENDO O SEU PRÓPRIO OBITUÁRIO

Aqueles de vocês que são leitores consistentes desta contribuição regular percebem que eu raramente recomendo livros específicos. Em vez disso, encorajo as pessoas a lerem os livros que as ajudarão na busca de sua própria paixão. No entanto, recentemente terminei os dois livros de Tom Brokaw que tratam do período da Grande Depressão e da Segunda Guerra Mundial – *The Greatest Generation* (A geração grandiosa) e *The Greatest Generation Speaks* (A geração grandiosa fala).

Aqueles de vocês que viveram essa época, ou foram criados por alguém que viveu, encontrarão em ambos os livros uma viagem maravilhosa e estimulante por épocas que foram as melhores e as piores. Os que são mais jovens, entre vocês, irão descobrir uma geração de pessoas que moldaram, por meio de seu caráter, de sua integridade e determinação, o mundo em que hoje vivemos.

Ao vivenciar as várias histórias de pessoas afetadas pela Grande Depressão e pela Segunda Guerra Mundial, você ficará impressionado com o fato de que elas não perceberam que estavam vivendo a história. Elas sentiam que eram apenas pessoas simples fazendo o seu trabalho.

À medida que passamos por nossas atividades diárias, muitas vezes também não percebemos o significado do tempo e do lugar em que vivemos. Cada um de nós, todos os dias, está vivendo sua própria biografia. Raramente pensamos assim até lermos o obituário de um amigo ou de um ente querido. Então, o período de uma vida é colocado em uma perspectiva perceptível.

De que maneira você viveria a sua vida hoje se soubesse que ela se tornaria uma parte permanente da história ou, pelo menos, que ela seria lida como seu obituário por seus entes queridos? Pense nas coisas do dia a dia como placas de sinalização permanentes ao longo da história. Você nunca sabe qual pode ser o cruzamento importante até que esteja muito além do ponto em que pode fazer algo para mudar a rota. Presuma que cada atividade em que você escolhe investir o seu esforço tem importância poderosa e significativa. Quando você cuida dos pequenos detalhes, as grandes coisas automaticamente se encaixam no lugar delas.

Se você não sente esse tipo de paixão ou importância pelas coisas que faz no dia a dia, encontre algo novo para fazer ou tome uma nova atitude sobre o rumo que está seguindo. Chegará um dia em que as pessoas irão ler o seu obituário e refletir sobre a marca que você deixou neste mundo. Nesse dia, será tarde demais para fazer a diferença. Deixe sua marca enquanto puder.

Hoje é o dia!

A DÁDIVA DOS PROBLEMAS

Um dos meus livros mais populares é *A dádiva mais preciosa.* É um romance que trata da descoberta das doze dádivas que tornam nossa vida completa e realizada. Os leitores compreendem instantaneamente a dádiva da família, a dádiva dos amigos, a dádiva do dinheiro etc. A única dádiva que desconcerta a maioria das pessoas, à primeira vista, é a dádiva dos problemas.

É importante percebermos que em cada tragédia e em cada problema há um presente em potencial e uma semente de bem maior. Isso é o que eu chamo de vantagem da adversidade.

Embora tragédias como os ataques terroristas de 11 de setembro tenham causado grande dor e sofrimento, há potenciais benefícios que podem advir da devastação. Quem de nós não se sentiu mais próximo dos amigos e da família? Quem de nós não se sentiu mais patriota e com um elevado sentimento de orgulho pelo nosso país? Quem de nós não passou a valorizar o trabalho dos policiais, bombeiros e socorristas?

O estrago está feito. Não há nada que qualquer um de nós possa fazer para reverter as mortes e a destruição. O que podemos fazer é nos comprometer a seguir em frente com um novo sentido de apreço pela vida que vivemos e pela liberdade que temos.

Aqueles que tentaram, por meio de atos sem sentido, destruir nosso espírito e nossa liberdade, em vez disso, reacenderam um apreço ainda mais profundo por essas coisas entre todas as pessoas que buscam liberdade e amam a paz ao redor do mundo.

Quando pensamos acerca dos benefícios da adversidade, é importante lembrar que a adversidade não traz consigo nenhum benefício automático, mas a nossa reação à adversidade pode fazer toda a diferença. Para cada pessoa que você puder me mostrar derrotada pelas circunstâncias, eu lhe mostrarei outra enfrentando as mesmas circunstâncias, mas que transformou a adversidade em uma vantagem e segue em frente como uma pessoa melhor, mais forte e com um senso elevado de destino para a própria vida.

Comece hoje, nas atuais circunstâncias, a procurar a vantagem na adversidade.

Hoje é o dia!

A DÁDIVA DE UM DIA

Talvez você se lembre da antiga letra da canção "What a Difference a Day Makes" (Que diferença faz um dia).

Um dia pode transformar tudo o que vem depois dele. Se você fosse recordar os dias que foram fundamentais para que chegasse até aqui, onde está agora, talvez pensasse no dia do seu casamento, no dia da sua formatura, no dia em que começou uma nova carreira etc. Alguns desses dias cruciais simplesmente acontecem, enquanto outros são planejados e lapidados durante muitos anos. Em nossa sociedade, passamos a chamar de "dia normal" aquele em que nada de fundamental acontece. No entanto, é importante ressaltar que, se você está no caminho certo, buscando o destino certo, esses "dias normais" são importantes.

Assim como eu, você provavelmente consegue se lembrar de um emocionante jogo de basquete que foi disputado até o último instante. Nos últimos minutos, os dois times atacavam e defendiam e, no segundo final, alguém fez uma cesta decisiva e venceu o jogo. Esse lance passará a ser conhecido como "o lance vencedor". Na realidade, qualquer cesta marcada desde a abertura até o último sinal teria vencido o jogo. Simplesmente escolhemos focar a cesta final.

Há dias em que cruzamos a linha de chegada, alcançamos a meta ou ultrapassamos a marca. Esses são dias especiais, e devemos aproveitá-los. Mas nunca se esqueça do antigo provérbio chinês: "Uma jornada de mil milhas começa com um único passo". Cada passo ao longo do caminho deve ser experimentado, apreciado e saboreado.

A "dádiva de um dia" é apenas uma das dádivas especiais em meu livro que virou filme, *A dádiva mais preciosa*. Espero que você faça essa jornada comigo.

Hoje é o dia!

A DÁDIVA DOS SONHOS

Os sonhos compõem nossa vida. Ou estamos no grupo afortunado de pessoas que estão vivendo seus sonhos, ou somos aqueles indivíduos inquietos e assombrados que estão vivendo a notória vida de desespero silencioso.

Não estou falando de devaneios ou fantasias. Todos nós temos aqueles vislumbres passageiros, em que nos imaginamos em um grande time, jogando a final do campeonato nacional. Não é sobre isso que estou falando, mas, sim, sobre os sonhos que são uma visualização futura de como nossa vida poderia ser ou deveria ser.

Quando jovens, todos nós tínhamos as coisas que queríamos ser, fazer ou ter. Eram os sonhos da nossa juventude – as visualizações do nosso destino. Quando nos tornamos adultos e membros ativos da sociedade, a maioria de nós limita os sonhos ou os esquece completamente.

Os jovens formulam seus sonhos como se pudessem escolher em meio a todas as possibilidades do mundo. À medida que envelhecemos, restringimos nossa capacidade de sonhar aquelas coisas que atualmente temos a capacidade ou os meios para alcançar. É importante perceber que os maiores sonhos que já tivemos na vida ainda estão vivos, e dentro do reino das possibilidades.

Sempre aproveito a semana entre o Natal e o Ano-Novo para me reconectar com meus sonhos e objetivos. Muitas vezes, ao longo do ano, é difícil fugir da correria do dia a dia e realmente pensar nas coisas que são importantes. Estamos tão ocupados ganhando a vida que nos esquecemos de criar uma vida. A vida que estamos vivendo agora não é um jogo-treino. Ela é todos os grandes campeonatos nacionais e mundiais reunidos em um só. Se você não sente esse tipo de poder e paixão todos os dias de sua vida, este seria um bom momento para tirar o pó desses sonhos antigos e encontrar o seu lugar único e gratificante neste mundo.

A "dádiva dos sonhos" é apenas uma das dádivas da vida em meu livro que virou filme, *A dádiva mais preciosa*. Espero que você comece a explorar cada um dos seus dons e abrace sua vida como a dádiva suprema.

Hoje é o dia!

RECUPERAR OU AVANÇAR

Ultimamente tenho estudado a arte ou a ciência da cura. A cura é geralmente entendida no sentido físico de estar doente e melhorar. Embora essa seja certamente uma parte válida da cura, ela mal arranha a superfície. Se apenas olharmos para a cura como um método para recuperar algo que perdemos, teremos perdido uma grande lição e um tremendo potencial.

Quando você estuda histórias de pessoas que passaram por grandes lutas no corpo físico, na vida pessoal, na vida empresarial ou qualquer outra área, elas invariavelmente lhe mostram que o caminho de volta à totalidade pode existir ou não, mas o caminho para um bem maior com certeza fez parte da sua cura.

Quem não gostaria de ter o mesmo corpo que tinha na adolescência? Mas você gostaria de voltar e encarar todas as demais coisas que acompanharam aquela época e as lutas que enfrentou desde então até agora? Talvez você nunca volte para onde esteve, mas sempre terá a oportunidade de avançar.

O mercado de ações se assemelha a uma montanha-russa; às vezes, na parte baixa, as pessoas experimentam enormes perdas financeiras. Quem se sai bem são aqueles que olham para a perda financeira como uma oportunidade de aprender e avançar. Aqueles que se concentram apenas em recuperar o que perderam, na maioria das vezes, ficam desapontados; e mesmo que com o tempo sejam bem-sucedidos, eles simplesmente voltam ao ponto de onde começaram.

Cada obstáculo na vida vem com uma lição correspondente e a semente de um bem maior. Abrace a dificuldade e veja a cura como algo mais do que simplesmente restauração. Em vez disso, veja-a como uma lição de vida dentre os grandes recursos que você já tem dentro de você.

As lutas muitas vezes servem para liberar a sabedoria, a paciência e a força que todos temos mas dificilmente demonstramos. Raramente as pessoas estão no seu melhor quando as circunstâncias são boas; no entanto, quando acontecem tragédias ou surgem obstáculos, você irá descobrir que elas exigem traços sobre-humanos. Após os ataques terroristas, a bondade e até a grandeza das pessoas em todo o país tornaram-se tão comuns que deixaram de ser notícia. Hoje, ao enfrentar doenças, estresse, lutas ou obstáculos, abrace a experiência e pergunte-se: "Qual é a lição e onde posso aproveitá-la?".

Hoje é o dia!

PREOCUPAÇÃO *VERSUS* INQUIETAÇÃO

Acredito que a inquietação seja uma preocupação associada à ação. A preocupação, por si só, não faz outra coisa senão diminuir o foco. A inquietação tem o potencial de liberar soluções criativas em relação ao obstáculo enfrentado.

Ouvi uma história sobre um velho monge que estava ensinando vários monges mais jovens sobre como levar uma vida dedicada ao serviço. Um de seus alunos veio até ele e lhe disse que estava tão sobrecarregado com todas as suas preocupações que não conseguia realizar suas tarefas. O velho e sábio monge disse: "Eu tenho um presente para você. Ele me foi dado por um velho e sábio monge quando eu tinha a sua idade. Essa dádiva tem me permitido uma vida de graça, paz e foco".

Nesse momento, o monge mais velho entregou ao jovem uma caixa de madeira gasta e surrada com uma fenda na tampa. O jovem mal disfarçou sua descrença quando perguntou: "Que bem uma caixa como esta poderia fazer para me ajudar a aliviar todas as preocupações da minha vida?".

O velho sábio explicou: "Essa caixa é uma ferramenta. Como qualquer outra ferramenta, nas mãos de alguém que saiba usá-la ela é mais útil e eficaz". O velho continuou explicando que o objetivo da caixa era armazenar todas as preocupações da pessoa. Ao longo da semana, quando confrontado com qualquer dificuldade, problema ou preocupação, o velho monge simplesmente anotava o assunto em questão em um pedaço de papel e o colocava na caixa. Então, uma vez por semana, ele dedicava uma manhã para analisar todas as anotações acumuladas ao longo da semana. Depois de quarenta anos fazendo isso, o velho monge descobriu que, na maioria das vezes, os problemas e preocupações se resolviam sozinhos muito antes de a semana acabar.

Os problemas e preocupações se enquadram em três categorias. A primeira é a daqueles sobre os quais não podemos fazer nada. A segunda é a daqueles que se resolvem independentemente da nossa preocupação. E a terceira e última categoria de problemas ou preocupações é a daqueles sobre os quais as nossas ações têm algum efeito. Esses são os problemas nos quais devemos concentrar a nossa energia. A nossa energia irá transformar essas preocupações improdutivas em áreas produtivas de inquietação.

Foco e ação são as chaves. Tire as preocupações do seu dia a dia e programe-se para tratar delas uma vez por semana. Pegue as suas inquietações e tome uma atitude imediatamente.

Hoje é o dia!

A CORRIDA DE SUA VIDA

Todos nós nos lembramos da trágica morte do piloto de automobilismo Dale Earnhardt. Seja você um fã desse esporte ou não, é bem provável que tenha ficado chocado com o terrível acidente que tirou a vida dele.

Desde que a tragédia aconteceu, tem havido debates intermináveis sobre a segurança do esporte, se é ou não muito perigoso, e como exatamente Dale Earnhardt morreu. Não quero debater os méritos do automobilismo, questões de segurança ou até mesmo como Dale Earnhardt morreu. Em vez disso, quero explorar como Dale Earnhardt viveu a vida e impactou as pessoas próximas a ele e o mundo inteiro.

Dale Earnhardt morreu exatamente como viveu, dedicando-se a sua paixão e competindo em um esporte no qual ele esteve entre os melhores. Alguns argumentam que, se não houvesse corridas de automóveis, Dale Earnhardt ainda estaria vivo. É possível argumentar que, se ele não pudesse seguir o seu destino, o Dale Earnhardt que o mundo veio a amar talvez nunca tivesse realmente vivido.

Percebo que todos que se lembram de Dale Earnhardt ou o elogiam, desde o acidente, expressam um sentimento em comum: ele morreu do jeito que teria escolhido. Isso não quer dizer que ele tivesse qualquer tipo de desejo de morte ou não valorizasse sua vida como o resto de nós. Isso simplesmente significa que ele deixou este mundo enquanto se dedicava a seus sonhos e competia da única maneira que sabia, que era "ir com tudo".

Sei que haverá esforços para tornar o automobilismo mais seguro, e espero que cada um de nós se lembre de apertar o cinto de segurança e tomar todas as precauções razoáveis ao longo da vida. Todavia, em última análise, nenhum de nós sairá vivo deste mundo. A maneira como vivemos é muito mais importante do que como morremos.

Cada dia é uma dádiva, e nunca sabemos quando nosso tempo pode acabar. Espero que todos nós terminemos nosso último dia nesta Terra nos dedicando ao que mais amamos com toda a energia e paixão que temos. Se assim for, esse será o nosso próprio pequeno memorial e nossa homenagem a Dale Earnhardt.

Hoje é o dia!

ENCONTRANDO O SEU LUGAR

Se você não sabe o que está fazendo no mundo, como irá saber o que diabos está fazendo? Todos nós encontramos pessoas todos os dias que são como uma flecha em busca de um alvo indefinido. Como o gato de Cheshire em *Alice no País das Maravilhas* ensinou a todos, se você não sabe para onde está indo, realmente não importa qual caminho você pega. Acredito que cada um de nós tem uma vocação ou um destino que é único.

É divertido observar pessoas que estão se dedicando a sua paixão. Elas têm uma alegria e uma energia contagiantes. Por outro lado, todos nós conhecemos pessoas que obviamente não são apaixonadas por aquilo que fazem. As atitudes delas também podem ser contagiantes, mas certamente não são positivas.

A sua paixão e o seu destino podem estar em uma direção totalmente diferente daquela que você está seguindo. Por outro lado, você pode estar muito perto do caminho certo, e um pequeno ajuste o levará até lá. Quando você encontra esse destino, é como colocar o pé no sapato – ele simplesmente se encaixa.

No mundo superfaturado, excessivamente divulgado e exagerado dos esportes, é revigorante – ainda que raro – observar alguém que simplesmente adora jogar o jogo. Há vários anos, li a biografia de Lee Trevino, intitulada *Super Mex*. Nesse livro, Trevino descreve o ritmo extenuante do circuito de golfe profissional. Ele explica que depois de ficar na estrada jogando torneio após torneio por vários meses, não há nada de que ele goste mais do que chegar em casa e simplesmente descansar – pelo menos por um dia. Mas como Lee Trevino conta: "Na manhã seguinte, você vai me encontrar em algum lugar perto da minha casa em um campo de golfe. Eu simplesmente amo esse jogo".

Eu gostaria de encorajar você a se dedicar a sua paixão. Se ainda não sabe qual é, precisa se dedicar a descobri-la. Em uma de suas canções mais famosas, John Denver escreveu: "Indo para casa pela primeira vez". Essa é a experiência que você terá quando encontrar o seu destino. Tudo em sua vida vai parecer que se encaixa, e o mundo inteiro entrará em equilíbrio.

Há mais pessoas que falham porque estão buscando o objetivo errado do que aquelas que simplesmente falham em alcançar as coisas que realmente desejam. Encontre o seu destino.

Hoje é o dia!

SUSPENDENDO A DESCRENÇA

Você pode se surpreender ao saber que, como uma pessoa cega, sou um grande fã do teatro da Broadway. Esteja eu em Nova York ou excursionando com alguma empresa de turismo, amo a experiência. Estive em dezenas de peças e fui aos bastidores muitas vezes para explorar os cenários e adereços. Nunca deixa de me surpreender que uma simples lona pintada sob alguns holofotes possa se transformar na Ópera de Paris ou na Filadélfia colonial ou até mesmo na Oklahoma da época dos pioneiros.

Em conjunto com meu trabalho na Narrative Television Network, tive o privilégio de entrevistar várias estrelas da Broadway, bem como pessoas criativas nos bastidores. O sucesso do teatro da Broadway, eles dizem, depende da vontade do público de "suspender a descrença". Isso significa que o público acredita no cenário e nas circunstâncias porque quer acreditar. Ao se sentar no teatro escuro, o desejo de se envolver na história torna a experiência possível.

Podemos viver nossos sonhos mais extravagantes e nossos maiores sucessos imaginários se simplesmente suspendermos a descrença que nos mantém ancorados em nossa mediocridade atual.

Fico imaginando como essa mesma suspensão de descrença pode se aplicar à nossa vida pessoal e profissional. Vamos supor que, em vez de apenas realizar as tarefas cotidianas de forma mecânica, pudéssemos ver essas atividades como degraus para tornar nossos sonhos realidade. Vamos supor ainda que, ao pensarmos em nossos sonhos e objetivos, parássemos de ouvir aquelas vozes ao nosso redor dizendo "Isso não é real" ou "Isso nunca poderia funcionar em sua vida". Se, em vez disso, como no teatro, estivéssemos dispostos a suspender nossa descrença e descartar o ceticismo, acredito que encontraríamos um novo mundo de possibilidades.

Se os cenários e figurinos mais simples podem nos levar a qualquer lugar deste mundo ou até mesmo a um novo mundo dentro dos limites de um teatro, por que os mesmos princípios não podem funcionar em nossa vida diária? A magia não termina com o apagar dos holofotes. Podemos viver nossos sonhos mais extravagantes e nossos maiores sucessos imaginários se simplesmente suspendermos a descrença que nos mantém ancorados em nossa mediocridade atual.

Suponha que isso seja possível. Experimente, e você vai desfrutar não só do teatro, mas também de todos os dias pelo resto da sua vida.

Hoje é o dia!

LIBERANDO A CRIATIVIDADE

Algumas das pessoas mais felizes, ricas e bem-sucedidas em nossa sociedade são aquelas que têm criatividade. Acredito que todo mundo tem a capacidade de ser criativo em alguma área da vida. Alguns indivíduos encontram saídas para liberar sua criatividade. Outros nunca o fazem. A criatividade pode incluir desde escrever um grande romance até montar um negócio complexo, criar uma obra-prima culinária para você e seus convidados em um jantar festivo, acertar uma tacada de golfe para economizar uma outra tacada em um buraco difícil, e praticamente todas as outras formas de atividade humana.

Se você sente que não é criativo, talvez seja porque está tentando liberar sua criatividade na área errada. A maioria dos especialistas concorda que Michael Jordan estava entre os maiores jogadores de basquete de todos os tempos. O filme com as melhores jogadas dele certamente o qualificaria para o que chamo de gênio criativo. Mas quando Michael Jordan decidiu jogar beisebol, ele só conseguiu ser um jogador medíocre da segunda divisão. Embora seja notável que alguém possa mudar de esporte e ainda ser competitivo, a genialidade criativa dele só era evidente em uma área.

E se Picasso nunca tivesse pintado, ou se Beethoven nunca tivesse composto? Eles teriam sido reconhecidos como gênios criativos em outras áreas da vida? Acredito que eles tenham oferecido dádivas ao mundo por sucessivas gerações porque encontraram sua singular veia criativa. Como, então, você e eu podemos encontrar nossas veias criativas? Acredito que seja uma questão de remover tudo o que não é sua veia criativa, e o que restar será sua paixão, na qual você irá se destacar.

Sempre gostei da história do escultor renascentista que apostou com um amigo que havia uma linda garota tocando harpa dentro de um sólido bloco de mármore. O amigo topou a aposta e o escultor começou a lascar. Não demorou muito para que a bela menina tocando harpa surgisse. O amigo, ao pagar a aposta, perguntou ao artista: "Como você sabia que ela estava lá dentro?". O artista respondeu: "Eu podia vê-la com meu olhar criativo. Tudo o que eu precisava fazer era tirar os entulhos do caminho". Você e eu temos a capacidade de criar obras-primas, cada qual em seu próprio campo. Mas precisamos tirar as distrações e os vários entulhos do caminho.

No decorrer do seu dia, procure maneiras de pensar e agir criativamente. Dentro da sua vida pessoal e profissional, um artista vai surgir.

Hoje é o dia!

SOBRE O DIA DE AÇÃO DE GRAÇAS

Uma vez por ano, todos ficamos focados no Dia de Ação de Graças. Para muitos de nós, ele se resume a três coisas: família, comida e futebol. Embora eu goste dessas três coisas e acredite que o Dia de Ação de Graças seja uma parte maravilhosa do ano, é fácil perder de vista o significado da data. Pelo significado, refiro-me não apenas a comemorar o desembarque dos peregrinos em Plymouth Rock e o fato de terem sobrevivido ao inverno rigoroso. Por mais significativo que isso seja, eu me refiro também a ter tempo para refletir sobre as dádivas que recebemos na vida e as muitas coisas pelas quais devemos ser gratos.

O Dia de Ação de Graças, para muitas pessoas, tornou-se parte de um alvoroço que começa antes do Halloween e vai até o Ano-Novo. São feriados em cima de feriados, com pouco tempo para recuperar o fôlego e descansar nossos cartões de crédito. Talvez seja prudente que você e eu deixemos o Dia de Ação de Graças como um dia para celebrar família, comida e futebol e que selecionemos uma época do ano mais livre para realmente pensar na vida e agradecer. Melhor ainda, em vez de reservar um feriado a cada ano, não seria melhor reservar um breve período a cada dia?

Em um dos meus livros, *A dádiva mais preciosa*, escrevi um capítulo sobre a "dádiva da gratidão". Nele, descrevo um ritual diário que foi adotado por dezenas de pessoas ao redor do mundo. Ele ficou conhecido como “a Lista Dourada”. A atividade da “Lista Dourada” consiste simplesmente em tirar alguns breves momentos, de preferência pela manhã, para listar mentalmente dez coisas pelas quais você é grato hoje. Descobri esse processo puramente por acaso, mas ele se tornou uma das partes mais importantes do meu dia e uma das mensagens mais significativas que tive o privilégio de partilhar com os meus leitores.

Antes de começar sua agitada jornada de trabalho repleta de tarefas pessoais e profissionais, projetadas para criar mais riqueza, sucesso e felicidade em sua vida, é bom ponderar sobre as coisas incríveis que você já tem. Essa breve contabilidade pela manhã torna praticamente impossível que você tenha um dia ruim.

No decorrer do seu dia de hoje, perceba que bilhões de pessoas têm vivido neste planeta há milhares de anos. A maioria teria dado tudo para trocar de lugar com você hoje.

Hoje é o dia!

LIÇÕES DOS PEQUENINOS

A sabedoria convencional nos diria que, como crianças e jovens, passamos por um período de educação, amadurecimento e aprendizado. Crescemos em sabedoria e experiência a cada aniversário. Com sorte, o processo de coletar conhecimento e aplicá-lo na vida se torna uma busca contínua e vitalícia. Ao contrário dessa noção, no entanto, está o fato de que há algumas coisas que dominamos quando crianças e que, de alguma forma, perdemos ao longo do caminho.

Constantemente dou palestras em auditórios, centros de convenções e reuniões corporativas diante de milhares de pessoas. Essas pessoas são, em sua maioria, líderes de negócios inteligentes com ascensão social; todas bem instruídas e bem treinadas.

Digamos que, durante uma dessas apresentações, diante de dez mil pessoas, eu pedisse para voluntários da plateia subirem ao palco e cantar uma música, dançar ou desenhar algo. Quantas dessas dez mil pessoas bem instruídas você acha que subiriam ao palco para demonstrar seus talentos? Tenho certeza de que você vai concordar comigo que seria um número muito inferior a um por cento. Por outro lado, e se – em vez desses líderes empresariais maduros – tivéssemos um grupo de crianças de 5 anos de idade? Quando pedíssemos voluntários para cantar, dançar ou desenhar, quantas dessas crianças do jardim de infância iriam se oferecer? Você e eu sabemos que seriam praticamente todas.

A maioria dos adultos daria a desculpa de que não tem talento em nenhuma dessas artes criativas. Por outro lado, as crianças não sabem e, além disso, não se importam. As crianças estão dispostas a se expressar sem medo das consequências. Esse é um ativo que todos nós tínhamos e que a maioria já perdeu há muito tempo. Em algum lugar ao longo do caminho, recebemos a mensagem de que é melhor não fazer algo a menos que você possa fazê-lo com competência e profissionalismo.

Intelectualmente entendemos que, para fazer algo com competência e profissionalismo, você deve primeiro estar disposto a fazê-lo de forma precária. Essa falta de disponibilidade de ser vulnerável relega a maioria dos adultos em nossa sociedade a seguir por um caminho cada vez mais estreito. Eles não estão dispostos a tentar coisas novas e experimentar o que está fora de sua zona de conforto.

No decorrer do seu dia de hoje, procure coisas novas e experiências que gostaria de adicionar à sua vida. Esteja disposto a ser suficientemente vulnerável para ser ruim no início, e perseverante para que possa ter um desempenho magistral no futuro.

Hoje é o dia!

EXPANDINDO OS HORIZONTES

Acabo de terminar um livro fascinante sobre a vida e as viagens de Fernão de Magalhães. Entre 1519 e 1521, ele liderou a primeira viagem que deu uma volta completa ao mundo. Embora tenha sido morto antes do fim da viagem, foi sua visão e liderança que possibilitaram esse feito inigualável.

Você provavelmente está se perguntando: "O que isso tem a ver comigo, aqui no século 21?". Essa é sempre uma boa pergunta a se fazer. Acredito que a história tem muito a nos ensinar sobre a humanidade, tanto coisas boas quanto ruins. Coisas boas da história podem nos poupar tempo à medida que avançamos em direção aos nossos objetivos de vida. Coisas ruins da história podem nos ajudar a evitar as armadilhas. Lições não aprendidas com o passado certamente serão aprendidas no futuro, já que a história se repete.

Magalhães, numa pequena embarcação de cinquenta pés, lançou-se em águas desconhecidas numa viagem cujo alcance nunca se repetiu. Numa época em que ainda havia dúvidas se o mundo era ou não redondo – e mesmo sendo redondo, se existiam rotas navegáveis para dar a volta ao mundo –, Magalhães iniciou sua viagem épica.

A única analogia atual com a viagem de Magalhães seria lançar você ao espaço na velocidade da luz para uma galáxia desconhecida, onde seria necessário encontrar comida e combustível para se manter vivo e fazer seu caminho de volta à Terra. Embora nenhum de nós esteja preparado para assumir uma aventura dessa magnitude, devemos ampliar constantemente os horizontes em nossa própria mente, corpo e espírito.

Todos nós deveríamos assumir o compromisso de constantemente explorar o nosso próprio desenvolvimento pessoal e profissional. Que coisas você vai saber, dominar, criar ou alcançar nos próximos meses e anos que estão além do seu atual horizonte conhecido? Antes de sermos capazes de ampliar as coisas que planejamos fazer no futuro, devemos primeiro abrir nossas mentes para ampliar as possibilidades que existem diante de nós. O simples fato de você não ter ido a algum lugar antes em sua vida não significa que o lugar, a realização ou o objetivo não existam.

Devemos constantemente ampliar os horizontes em nossa própria mente, corpo e espírito.

No decorrer do seu dia, busque ampliar os horizontes ou o reino das possibilidades em sua vida.

Hoje é o dia!

ANOS DE VIDA

Recentemente, recebi a notícia chocante e perturbadora de que um querido amigo meu está enfrentando uma doença potencialmente fatal. Um milhão de coisas passam imediatamente pela cabeça quando você recebe esse tipo de notícia. Primeiro, você pensa no que esse amigo significa para você e como a perda dele afetaria sua própria vida e o mundo ao seu redor. Em seguida, você tem uma enxurrada de pensamentos sobre família, amigos, preocupações de negócios e um fluxo interminável de imagens que o atacam.

Felizmente, o meu amigo recebeu um diagnóstico precoce, um tratamento rápido e bem-sucedido e um prognóstico positivo. Felizmente, acima de tudo, o meu amigo é um lutador. Se você estivesse apostando agora em quem poderia viver até os 100 anos, eu apostaria seriamente nas chances do meu amigo.

Depois do choque imediato e do medo que vem com a notícia do potencial risco de fatalidade, todos nós começamos a avaliar a própria vida. Resta a todos a realidade de que meu amigo vai morrer, eu vou morrer e, meu caro leitor, você vai morrer. Por mais importante que o nosso tempo restante de vida pareça para todos nós, o que é infinitamente mais vital é a questão de quanta vida resta em nossos anos.

Todos nós conhecemos pessoas na faixa dos 80 ou 90 anos que estão cheias de vida, alegria e otimismo. Elas anseiam por grandes coisas no futuro, e estão animadas com o que a vida tem a oferecer. Por outro lado, também conhecemos pessoas que mal saíram da adolescência ou do início da vida adulta e que parecem entediadas, apáticas e têm uma perspectiva negativa em relação aos dias que virão. Acho que um dos fatores que diferenciam as pessoas positivas das negativas é como elas enxergam os seus melhores dias.

As pessoas negativas, de qualquer idade, de alguma forma acreditam que os melhores momentos da vida ficaram para trás. Elas estão em processo de falecimento, não importa quantos anos mais o coração delas continue batendo e por quanto tempo ocupem um espaço aqui em nosso planeta. Em sentido inverso, há pessoas que viveram um século de vida aqui na Terra. Elas estiveram em todos os lugares, viram de tudo e fizeram de tudo, mas ainda assim têm um desejo pela vida que energiza a todos os afortunados que entram em contato com elas. Essas pessoas acreditam que os melhores dias ainda estão por vir.

A morte encontrará a todos um dia. Que ela encontre você e eu animados, energizados, apaixonados e experimentando tudo o que esta existência tem a oferecer. E quanto ao meu amigo com o diagnóstico preocupante, ele irá continuar a viver a vida como a dádiva que ela é e a fazer a diferença para quem está ao redor dele. Ele irá beber profundamente do néctar da vida, e estou ansioso para compartilhar isso com ele.

Hoje é o dia!

COISAS QUE IMPORTAM

Após a passagem do furacão Katrina, o melhor e o pior da humanidade foram demonstrados. A crise não cria caráter, ela o revela. Todos nós temos imagens ou citações que ficarão gravadas permanentemente na consciência daqueles que experimentaram um pouco do pior que a vida tem a oferecer.

Nunca me esquecerei de um senhor, morador de Nova Orleans, sendo entrevistado vários dias após a tempestade. Esse senhor descreveu a fuga de Nova Orleans com sua família no último minuto com apenas as roupas do corpo. Vários dias depois, eles viram, por fotos de satélite, a casa deles e tudo o que possuíam submersos em três metros de água. O senhor explicou como eles haviam perdido sua casa, seus bens, suas lembranças e seus empregos. E prosseguiu: "Perdemos quase tudo". Mas então ele deu uma risadinha, olhou para sua família e disse: "Mas acho que saímos com tudo o que importa".

Isso nos leva à questão das coisas que importam. Acredito que as coisas nesta vida podem ser separadas em duas categorias: coisas que são valiosas e coisas que importam. As coisas que são valiosas incluem sua casa, seu carro, suas roupas, seus bens, seu escritório, seu trabalho etc. Tudo isso é extremamente importante e impacta significativamente a forma como você vive. Então, há as coisas que importam. São seus amigos, familiares, esperanças, objetivos, crenças e sonhos. Eles nos influenciam em um nível muito mais profundo do que posição social ou posses. Eles não podem ser substituídos.

Cheguei à conclusão de que, por mais valiosa que seja, qualquer coisa que possa ser substituída por dinheiro não importa – ou pelo menos não deve ser um tesouro. Pode ser um bem valioso, mas, quando o perdemos, nós – assim como o homem de Nova Orleans – começamos a olhar para as coisas que realmente importam. Infelizmente, muitas vezes é preciso um desastre ou uma crise de vida para nos mostrar o que realmente importa.

Muitos de nós gastamos muito tempo trabalhando para adquirir coisas que, embora agradáveis e valiosas, realmente não importam quando comparadas aos tesouros representados por nossos amigos e familiares. É triste pensar que, às vezes, podemos nos envolver em uma competição insana na busca por adquirir coisas, a ponto de diminuirmos as coisas que realmente importam na vida.

No decorrer do seu dia de hoje, aceite uma dica de nossos amigos de Nova Orleans e outras cidades ao longo da Costa do Golfo. Aproveite as coisas que são valiosas, mas valorize as coisas que realmente importam.

Hoje é o dia!

2

FOCO NA COMUNIDADE E NOS RELACIONAMENTOS VENCEDORES

"Trate todos no mundo como se fossem uma estrela, e o mundo coletivamente fará de você uma estrela." – Jim Stovall

As palavras imortais “Nenhum homem é uma ilha” nunca foram tão verdadeiras. Não importa o quão dotado, talentoso ou instruído você possa ser. Você terá sucesso ou fracasso como parte de uma equipe, e encontrará felicidade e contentamento como parte de uma família, uma comunidade e uma sociedade.

Encontramos sucesso individual quando criamos condições que proporcionem o sucesso de todos ao mesmo tempo.

TORNANDO-SE UM TURISTA EM CASA

Nos últimos meses, participei de uma força-tarefa da Câmara de Comércio tratando de convenções e turismo. O objetivo dessa força-tarefa é descobrir como podemos trazer mais dinheiro de turistas e convenções para nossa região. Essa experiência tem sido esclarecedora para mim. Cresci aqui e pensei que havia muito pouco a aprender sobre nossa comunidade. Eu estava errado.

Ao estudar o modo como as pessoas ao redor do país olham para nós, aprendi que temos muitas coisas das quais nos orgulhar e muitas atrações para aproveitar aqui em nossa cidade natal.

Muitas vezes, penso que os visitantes ou turistas desfrutam mais de uma comunidade do que as pessoas que ali vivem. Isso ocorre porque um turista chega a uma cidade com a mente aberta e deseja aproveitar ao máximo o tempo que ficará no lugar. Fiquei surpreso ao descobrir que existem lugares na minha cidade que atraem, literalmente, pessoas do mundo todo, e que eu desconhecia. Eu arriscaria dizer que muitas pessoas saem de casa em suas férias e gastam muito tempo e dinheiro viajando uma grande distância até um destino que não tem lugares mais atrativos do que os deixados em sua cidade natal. Na verdade, posso imaginar pessoas de férias viajando pela rodovia em direção a algum destino mágico, passando por outras pessoas que estão ansiosas por um passeio maravilhoso na cidade da qual as primeiras acabaram de partir.

Aproveite para descobrir o que está aí, debaixo do seu nariz, e que você e sua família nunca experimentaram antes de sair pelo país. Ligue para o departamento de turismo e descubra as coisas maravilhosas que existem em sua cidade natal. Não se prenda àquela velha mentalidade de que "você tem que sair da cidade para realmente experimentar algo bom". Há pessoas que chegam aí todos os dias que pensaram a mesma coisa sobre a cidade natal delas; por isso elas vieram, para passar férias maravilhosas.

Eu acho que você e sua família poderiam, constantemente, desfrutar de algo totalmente único em sua região, encontrando atrações maravilhosas. Decida ser um turista aí mesmo na sua cidade natal. Você irá descobrir que esse é não apenas um ótimo lugar para se viver, mas também um ótimo lugar para visitar.

Hoje é o dia!

TUDO COMEÇA COM UMA PESSOA

Há uma força poderosa em ação em nossa sociedade. Eu gosto de chamá-la de "reação em cadeia", ou, parafraseando Sir Isaac Newton, as coisas que são postas em movimento tendem a permanecer em movimento. Isso pode ser bom ou ruim, dependendo da ação determinada que inicia a cadeia.

Por exemplo, você já entrou em um estacionamento e encontrou uma fila inteira de carros estacionados sobre as linhas de demarcação? Em sua frustração, você pode se perguntar: "Como tantas pessoas podem ser mal-educadas o suficiente para ocupar propositalmente mais de uma vaga de estacionamento?". A realidade é que não havia tanta gente sendo mal-educada. Elas simplesmente incorreram na "reação em cadeia".

Muito provavelmente, o que aconteceu é que um indivíduo mal-educado apareceu de manhã cedo e, com total desrespeito por seus semelhantes, estacionou de forma a ocupar mais de uma vaga. Em seguida, a segunda pessoa chegou e simplesmente estacionou ao lado da primeira. Depois a terceira, e assim por diante. O que ocorre em seguida você já sabe, todo o sistema fica prejudicado como resultado de uma "reação em cadeia" que cresce a partir das ações de uma pessoa mal-educada.

Há muita gente, nesse caso, que poderia ter influenciado a situação do estacionamento. Obviamente, se a primeira pessoa que chegasse tivesse tomado um pouco de cuidado e decidido ser educada, a "reação em cadeia" nunca teria começado. Porém, é importante perceber que o segundo, o terceiro ou o quarto indivíduo que chegaram podiam ter evitado a sequência simplesmente deixando vazia a vaga seguinte e estacionando dentro dos limites do próximo espaço demarcado disponível.

Todos nós fazemos escolhas todos os dias. Espero que aqueles esclarecidos o suficiente para ler "Sabedoria de vencedores" nunca comecem uma cadeia maléfica; no entanto, mais importante ainda talvez seja a escolha de quebrar cadeias maléficas. Quando alguém nos trata de forma grosseira, temos a opção de agir com bondade ou simplesmente retribuir a falta de cortesia com gentileza.

É fácil agir de forma adequada quando somos tratados de forma adequada, mas o verdadeiro vencedor da vida sempre irá tomar o caminho mais elevado, mesmo quando aqueles ao seu redor não o fizerem. Assuma hoje o compromisso de iniciar cadeias benéficas e de quebrar as maléficas. O mundo inteiro será um lugar melhor, e isso começa com você.

Hoje é o dia!

A DÁDIVA DA GRATIDÃO

Uma atitude de gratidão é essencial para qualquer sucesso duradouro. Devemos ter a capacidade de olhar para a frente em direção a grandes triunfos. Ao mesmo tempo, contudo, devemos olhar para trás em direção a todas as pessoas e eventos que tornaram o sucesso possível.

Esta semana, perdi um querido amigo meu, o Dr. Harold Paul. Além de ser um influente professor universitário, que fez com que eu me apaixonasse pela escrita, o Dr. Paul foi meu mentor por 25 anos. Ele tinha a habilidade única de ser um incentivador e um desafiador ao mesmo tempo. Toda vez na minha vida que eu atingia um marco, ele comemorava comigo, mas também me desafiava a patamares ainda maiores. Ele me deu uma expectativa de possibilidades ainda maiores no futuro.

Sou grato por tantas coisas em minha vida, e o falecimento do Dr. Harold Paul me levou a permanecer nessa atitude de gratidão pelas coisas e pessoas que tornaram tudo possível para mim.

Pense nas circunstâncias e nas pessoas que tornaram possíveis as coisas boas da sua vida. Reserve um tempo para refletir sobre elas e, se for o caso, expressar sua gratidão. Ninguém entre nós está sozinho. O sucesso que você desfruta hoje e a visão que você tem para o amanhã só existem porque você teve o privilégio de estar sobre os ombros de gigantes.

Aproveite para expressar sua gratidão e se dedicar a ser alguém impactante na vida de outras pessoas como uma homenagem àqueles que tanto têm dado a você.

A "dádiva da gratidão" é apenas uma das doze dádivas que compõem meu mais popular livro, que virou filme, *A dádiva mais preciosa*. Espero que você aprenda a dar e receber gratidão como parte integrante do sucesso, e que você invista algum tempo e energia hoje para refletir e expressar sua gratidão.

Hoje é o dia!

LIÇÃO DE UMA LENDA

Um dos muitos privilégios decorrentes do meu trabalho na Narrative Television Network é a oportunidade de conhecer e entrevistar pessoas realmente maravilhosas de todas as esferas da vida. Muitos desses encontros foram compilados no meu segundo livro, intitulado *Success Secrets of Super Achievers* (Segredos de sucesso dos superempreendedores). A ideia é que o sucesso é um padrão. Ele pode ser observado, seguido e copiado.

Eu me lembro de quando entrevistei Steve Allen, mais conhecido por seu trabalho na televisão como o criador do *The Tonight Show* como o conhecemos hoje. Poucas pessoas sabem que Allen escreveu mais de cinco mil músicas e que ganhou um Grammy Award. Ele escreveu 32 livros e estava trabalhando em seu mais novo livro no dia em que apareci para entrevistá-lo no escritório do seu estúdio, na Califórnia.

A coisa mais incrível que descobri sobre Steve Allen é que ele é um homem muito comum. Ele se sentia muito à vontade para conversar com os câmeras e demais membros da equipe, e era muito despretensioso. Na hora da entrevista, a atitude que ele demonstrou foi "vou fazer o meu trabalho, e você faz o seu".

Acredito que ele revelou o segredo de seu sucesso quando disse: "Tento nunca perder o contato com o homem comum. Eu apenas visualizo um cara em casa assistindo à televisão, e se eu puder chegar até ele no nível dele, ele vai se identificar e se sentir bem comigo".

À sua maneira, como celebridade mundial e uma das pessoas mais talentosas e dotadas da nossa geração, Steve Allen encontrou o segredo da grandeza, que é uma forma própria dele da Regra de Ouro: "Trate os outros como gostaria de ser tratado". Não porque é uma teoria ultrapassada, mas porque você realmente acredita que todos no mundo têm uma função vital a desempenhar, e todos devem ser tratados com respeito.

Enquanto vivemos o nosso dia buscando nos elevar em direção ao que acreditamos ser o sucesso, nunca devemos nos esquecer da lição dessa lenda, Steve Allen; portanto, trate todos no mundo como se fossem uma estrela, e o mundo coletivamente fará de você uma estrela.

Hoje é o dia!

PASSANDO A TOCHA

Em 1976, durante um exame oftalmológico de rotina para entrar na faculdade, fui diagnosticado com uma doença rara que acabaria resultando em minha cegueira. Como ainda era adolescente, com toda a vida pela frente, a devastação que experimentei foi indescritível.

Várias semanas depois, um amigo da família ligou e se ofereceu para me levar a um evento conhecido como "Positive Thinking Rally" (Rally do Pensamento Positivo). Eu não queria saber de nada que tivesse a ver com pensamento positivo, já que estava me acomodando em minha própria forma de depressão; mas, por algum motivo, aceitei ir.

Naquele dia, ouvi Paul Harvey, Robert Schuller, Zig Ziglar, Art Linkletter e Ira Hayes. Quando a hora do almoço se aproximou e meu anfitrião perguntou se eu queria sair para almoçar ou ficar e ouvir um palestrante chamado Dr. Denis Waitley, fiquei surpreso ao ouvir a mim mesmo dizer: "Acho que vou ficar e ouvir esse cara".

Em meio a um evento incrível com alguns dos maiores palestrantes do século 20, de alguma forma o Dr. Waitley atingiu a quadragésima fileira do auditório, onde eu estava, e acendeu uma chama em mim que nunca se apagou ou sequer diminuiu até hoje. As palavras dele sobre a psicologia da vitória me encorajaram a explorar as possibilidades de minha condição em vez das limitações de minha cegueira iminente. Desde então, formamos uma estreita amizade, e ele continua sendo o meu mentor até hoje.

A mensagem inspiradora do Dr. Waitley ficou comigo e, embora eu tenha por fim perdido a visão, também me tornei campeão olímpico em levantamento de pesos, presidente de uma rede de televisão, ganhador do prêmio Emmy, eleito como um dos Dez Jovens Americanos Excepcionais e Empreendedor do Ano.

Olhe ao seu redor. Em seguida, estenda a mão para alguém e faça a diferença na vida dele e na sua.

A mensagem é clara. Em nossa vida pessoal e profissional, temos a oportunidade de estender a mão para centenas de pessoas todos os dias – com uma palavra encorajadora, um ato de bondade ou simplesmente dedicando alguns momentos para realmente ouvir e ajudar. Nós, como profissionais, temos a responsabilidade de impactar positivamente a vida de outras pessoas não só com nossos produtos e serviços, mas também com nosso exemplo. Podemos ser muito mais eficazes se, de tempos em tempos, em meio à nossa busca pela excelência, pararmos para acender uma tocha antes de passá-la para outro mensageiro.

Olhe ao seu redor. Em seguida, estenda a mão para alguém e faça a diferença na vida dele e na sua.

Hoje é o dia!

ALGUNS ENTENDEM AS REGRAS, OUTROS NÃO

Você já reparou que, nas atividades mais corriqueiras do dia a dia, há pessoas que entendem as regras e outras não?

Se você tentar entrar na rodovia durante o horário de pico, irá notar que a maioria das pessoas simplesmente se move para a faixa de maior velocidade e educada e eficientemente acompanha o fluxo do tráfego. Elas entendem as regras. Por outro lado, há aquelas poucas almas perdidas que querem parar na entrada do acesso à rodovia e esperar até que o trânsito esteja completamente liberado. Elas não entendem.

Há vários desses lembretes diários do fato de que existem certos procedimentos universais, estabelecidos e aceitos que precisamos dominar para nos encaixar na sociedade. Muito disso se aplica ao sucesso e à realização. Há pessoas que estão totalmente motivadas e têm ótimas ideias, mas não entendem que há um pequeno elemento faltando.

Recentemente, conheci um senhor com um ótimo conceito para um novo negócio. Ele parecia ter tudo para obter sucesso, com exceção do fato de que queria fazer seu próprio trabalho jurídico e contábil. Isso poderia ser bom, não fosse pelo detalhe de que ele não tem formação nem experiência nessas áreas. Ainda que, aos trancos e barrancos, ele consiga efetuar contratos que não o coloquem em apuros ou manter um sistema contábil próprio que lhe permita controlar o seu dinheiro, ele ainda está fadado ao fracasso. Cada pessoa a quem ele abordar com seu novo negócio acabará pedindo para verificar alguma documentação ou seus dados financeiros. E esses dados revelarão instantaneamente o fato de que ele não sabe o que está fazendo.

O negócio dele não tem nada a ver com a prática da advocacia ou da contabilidade, mas ele irá fracassar porque se recusa a seguir o que todos nós reconhecemos como métodos geralmente aceitos. Ele simplesmente não entende. Ele não compreende as regras.

É como um turista viajando em um país estrangeiro que, desatentamente, por meio de sua linguagem ou comportamento, insulta as pessoas violando os costumes locais. Ele não entende. E o fato de ele não saber que não entende, na verdade, não faz diferença para as pessoas que ele insulta.

Procure pessoas de sua confiança e peça a elas que sejam honestas com você acerca de cada expressão externa de sua vida pessoal e profissional. Tenha certeza de que você entendeu as regras e que todos ao seu redor saibam que você entendeu.

Hoje é o dia!

NUNCA SE SABE

Eu me lembro de quando ainda era um jovem empreendedor e tive que lidar com um advogado pela primeira vez. Precisávamos formalizar a empresa e, devido a uma indicação, eu me vi sentado diante de um dos advogados mais proeminentes em nossa região. Comecei pedindo desculpas pelo fato de sermos apenas uma startup, que provavelmente não iria gerar um volume muito grande de negócios para o escritório de advocacia dele.

Esse advogado me explicou algo naquele dia que permaneceu comigo desde então. Ele disse: "Esta firma é grande e bem-sucedida porque temos alguns clientes grandes e bem-sucedidos, mas eles não começaram assim. A maioria deles nos procurou em seus estágios iniciais de crescimento, assim como você. Se há alguma razão pela qual somos bem-sucedidos é porque entendemos que pequenos clientes crescem e se tornam grandes clientes. Nem sempre dá para saber quais serão grandes algum dia, então é preciso tratar todo mundo bem o tempo todo".

É a mesma mentalidade demonstrada por um garotinho do lado de fora de um estúdio de televisão. Quando surge um homem de boa aparência vestindo um terno caro, o garoto estende o caderno de autógrafos e a caneta e pergunta: "Senhor, você é alguém famoso?". Quando o homem lhe garante que não, o garoto pensa por um minuto e responde: "Bem, por que você não assina mesmo assim? Talvez um dia você se torne famoso".

No livro de Joe Girard *Como vender qualquer coisa a qualquer um*, que para mim é a bíblia das vendas e do marketing, o autor descreve o marketing relacional. Ele explica que, enquanto participava de um velório, a caminho do culto, recebeu um pequeno cartão que contava muito sobre a vida do falecido. Após o funeral, Joe Girard estava falando com o agente funerário e perguntou como as pessoas das funerárias sabem quantos cartões imprimir. Ele ficou chocado ao saber que, com raras exceções, a maioria dos funerais tem duzentas pessoas presentes. Girard percebeu a importância disso, porque, se alguém vai dispor de seu tempo e fazer o esforço de comparecer ao seu funeral, você tem influência sobre ele. Portanto, podemos supor que a maioria das pessoas com quem você lida no dia a dia pode influenciar as decisões de duzentas pessoas diferentes.

Da próxima vez que você pensar em ser menos educado e profissional, em vez de ver uma pessoa na sua frente, visualize todas as duzentas pessoas sobre as quais ela tem influência. Você sabe quem você conhece, mas talvez nunca saiba quem eles conhecem.

Hoje é o dia!

A DÁDIVA DE DOAR

Os trágicos acontecimentos mundiais mudaram para sempre a forma como vivemos, como nos sentimos e como pensamos. Temos visto o pior da humanidade. Atos perversos alteraram cada um de nós, mas nem todas as mudanças foram ruins.

Surgiu uma cultura emergente de doação que trouxe uma esperança renovada a qualquer um que seja um observador consistente da condição humana. As pessoas têm doado dinheiro em quantias sem precedentes. Elas têm doado o seu tempo, esforço e a sua energia como voluntárias e, não bastasse tudo isso, elas doaram o próprio sangue para ajudar vítimas que, na maioria dos casos, eram desconhecidas por elas.

Em sua essência, em virtude do que é doado, a doação afeta o receptor; mas a doação em si afeta o doador de uma forma muito mais profunda e duradoura. Após um ato de doação, o receptor tem uma nova dádiva e um novo conhecimento de que alguém se importa profundamente; mas o doador tem uma nova identidade. Ele ou ela agora tem sentimentos de abundância, benevolência e uma sensação de ser capaz de fazer a diferença – ou pelo menos de transmitir um sentimento de solidariedade.

Muitas vezes, os maiores presentes são aqueles que custam muito pouco ou nada. Só porque algo não tem um preço considerável não significa necessariamente que não será estimado para sempre pela pessoa que o recebe.

Você já deve ter ouvido dizer que "o que vale é a intenção". Essa frase é geralmente proferida após alguém dar um presente que pode ou não ser relevante. Na realidade, seja o melhor presente de todos ou uma bugiganga inútil, de fato, "o que vale é a intenção".

Um presente comunica a ideia de que eu pensei em você, eu me importo com você e queria compartilhar algo com você. No decorrer do dia, encontre maneiras especiais e únicas de doar para aqueles ao seu redor. Isso mostrará a eles como você se sente; todavia, o que é mais importante, mudará a maneira como você se sente em relação a si mesmo. A "dádiva de doar" é apenas uma das doze dádivas oferecidas no meu livro que virou filme, *A dádiva mais preciosa*. Espero que você aproveite a dádiva de doar e cada uma das dádivas que o hoje tem a oferecer.

No final das contas, a melhor dádiva que qualquer um de nós tem é a dádiva deste dia e como o compartilhamos.

Hoje é o dia!

LIÇÕES DE UM FUNERAL

Às vezes, em meio à dor e ao desespero, podemos aprender lições que nos ajudam a nos reerguer como pessoas melhores. Recentemente, tive a difícil tarefa de falar no funeral de uma pessoa com quem eu realmente me importava. Essa experiência causou uma enxurrada de emoções. Inevitavelmente, nessas ocasiões, você reflete sobre a brevidade da vida e as prioridades equivocadas a que todos nos dedicamos diariamente.

Após o funeral, tive a oportunidade de conhecer e cumprimentar várias pessoas. Fiquei impressionado com o número daqueles que me disseram: "Eu realmente não falava com ela ou não a via fazia mais de um ano". E comentários semelhantes.

Essas pessoas não tiveram um contato recente com a falecida, mas concederam metade de um dia de sua agenda lotada para ir a um funeral. Embora eu não esteja criticando o fato de essas pessoas prestarem suas homenagens comparecendo ao funeral, acredito que há uma lição aqui para todos nós.

Como qualquer outra coisa positiva em nossa vida, ficar em contato com aqueles com quem nos importamos deve se tornar um hábito.

Pense em todas as pessoas com quem você talvez não fale ou que não veja há meses ou até há anos. Pergunte a si mesmo: "Se essas pessoas morressem de repente, eu concederia várias horas da minha agenda para ir ao funeral delas? Se a resposta for sim, por que você não tira cinco minutos da sua agenda hoje para escrever uma mensagem rápida, enviar um breve e-mail ou ligar para elas?

Como qualquer outra coisa positiva em nossa vida, ficar em contato com aqueles com quem nos importamos deve se tornar um hábito. Como seres humanos, gostaríamos de dizer a nós mesmos que fazemos a coisa certa pela razão certa, mas raramente é esse o caso. Suspeito que escovamos os dentes mais por hábito do que pela manutenção da saúde bucal. Acho que podemos expressar o amor e o cuidado que temos com aqueles que nos rodeiam dedicando alguns minutos a cada dia ou semana para entrar em contato com alguns deles. Então, da próxima vez que estiver participando do funeral de alguém de quem você gostava, você poderá dizer: "Eu tive uma boa conversa com ele na semana passada, e estou feliz por termos feito isso".

Invista parte do seu dia comunicando-se com as pessoas especiais da sua vida. Isso irá render grandes dividendos para você e para elas.

Hoje é o dia!

MANTENDO A SUA SANIDADE

Você já ouviu alguém dizer, ou até mesmo se pegou dizendo "Essa pessoa está me deixando louco"? Esse é um sentimento que todos experimentamos de tempos em tempos, mas é importante perceber que ninguém pode nos afetar a menos que tenhamos dado a ele permissão para isso. As pessoas que estão mais próximas de nós têm maior capacidade de nos afetar de forma positiva ou negativa. Devido ao fato de que as valorizamos pessoal ou profissionalmente, de maneira automática damos a elas permissão para ter um grande impacto em nossa vida.

Por exemplo, se você está andando pela calçada e um morador de rua desgrenhado em estado grave de embriaguez esbarra em você e diz "Eu não gosto dos seus sapatos", isso provavelmente não irá arruinar o seu dia, a sua próxima hora ou mesmo irá ocupar seus pensamentos depois daquele momento. Por outro lado, se alguém muito próximo a você disser "Eu não gosto dos seus sapatos", isso pode afetá-lo muito. Você irá se sentir ofendido e magoado ou irá concordar com ele que há, de fato, algo errado com seus sapatos.

Todos nós temos imperfeições, incluindo as pessoas que permitimos que se aproximem de nós e que influenciem nossa vida. Digamos que alguém com quem você tem um relacionamento próximo constantemente se atrase. Isso não significa que você não possa ter um relacionamento pessoal ou profissional significativo, só é preciso que considere isso na equação. Supondo que você tenha tentado todas as maneiras positivas e construtivas de fazer com que essa pessoa esteja pronta a tempo, se ela ainda permanece incapaz de ser pontual, você tem que estar disposto a lidar com isso internamente.

Se você se estressar, gritar e arrancar os cabelos toda vez que essa pessoa se atrasar, irá passar por muito desconforto. A ironia é que você provavelmente será o único afetado negativamente. A pessoa que é próxima de você irá chegar vinte ou trinta minutos atrasada sem se importar, e você terá permitido que o atraso dela arruíne o seu dia.

Permitimos que as pessoas nos enlouqueçam quando não permitimos que elas sejam elas mesmas. Isso não quer dizer que não devemos esperar o melhor daqueles com quem nos importamos. Simplesmente significa que, se esperarmos a perfeição, não haverá ninguém em nossa vida, incluindo nós mesmos.

Hoje é o dia!

TOLERÂNCIA

Você já leu algo que não o impactou e depois, ao reler a mesma coisa, você achou revolucionário? Isso aconteceu comigo recentemente com um livro do Napoleon Hill. Esse livro em particular contém muitos trechos desse lendário escritor e palestrante.

Havia um texto intitulado *Tolerância* que eu sei que li mais de uma vez, mas por algum motivo não tinha achado memorável. Na minha leitura mais recente, descobri que foi uma das coisas mais significativas que Napoleon Hill já escreveu. O início do texto é o seguinte:

"Quando a aurora da inteligência se espalhar pelo horizonte oriental do progresso humano, e a ignorância e a superstição tiverem deixado sua última pegada nas areias do tempo, ficará registrado no último capítulo do livro dos crimes do homem que o seu pecado mais grave foi o da intolerância."

Tolerância nada mais é do que considerar as ações da outra pessoa com base na experiência, nos antecedentes e na perspectiva dela. Como seres humanos, temos a tendência de julgar nossas próprias intenções, embora de todos os outros julguemos as ações. Isso estabelece um padrão impossível em nossa mente que ninguém pode cumprir.

Quando menosprezamos alguém ou nos comportamos de maneira abaixo do padrão, justificamos isso intimamente, dizendo: "Eu realmente não quis fazer isso. Minhas intenções eram boas, mas...". Por outro lado, quando alguém nos menospreza, muitas vezes não julgamos nada além da ação, e não estamos dispostos a lhe dar o benefício da dúvida quanto às suas intenções.

Ao longo de suas atividades diárias, tente ser consciente tanto de suas intenções quanto de suas ações ao lidar com as outras pessoas. Muitas vezes, sem ter a intenção, somos ásperos e rudes com as pessoas quando não queremos ser. É simplesmente uma questão de falta de consciência ao comunicar nossos verdadeiros sentimentos. Quando estamos vivendo nossa vida em nosso mais alto nível, nossas intenções e nossas ações são as mesmas. No entanto, muitas vezes iremos cometer esse erro e teremos que estar dispostos a aceitar o fato de que outros com quem lidamos também irão cometer esse erro. E não temos o benefício de entender as intenções deles. Só sentimos e reagimos às suas ações.

Antes de reagir à aparente insensibilidade de alguém, pergunte-se: "Essa pessoa quer fazer com que eu me sinta do jeito que estou me sentindo agora?". Talvez você até queira informar a pessoa: "Você percebe que, quando diz isso ou age assim, isso faz com que eu me sinta...?". Então pergunte: "É isso que você pretende me comunicar?". Você verá que a maioria dos mal-entendidos são simplesmente falhas de comunicação. E então irá descobrir que é muito mais fácil praticar a tolerância.

Hoje é o dia!

SE EU FOSSE REI

Às vezes é divertido imaginar como o mundo seria diferente se você estivesse no controle.

SE EU FOSSE REI, as pessoas que não votassem não teriam permissão para reclamar. Os três melhores programas de TV semanais não seriam exibidos no mesmo horário em canais diferentes. O tempo ensolarado seria prioridade nos finais de semana e feriados. Os operadores de telemarketing só poderiam ligar para sua casa quando você não estivesse; dessa forma, eles poderiam conversar com a secretária eletrônica. Comidas gostosas seriam saudáveis. As publicidades enviadas pelo correio só viriam uma vez por mês. As companhias aéreas teriam que dizer a verdade sobre qual seria realmente o horário de partida – se fosse necessário. Quando uma loja anunciasse uma promoção, realmente haveria uma.

Eu faria uma média da quantidade de sabedoria ao longo dos nossos anos. Teríamos mais sabedoria quando fôssemos mais jovens, quando realmente precisássemos. Se eu fosse rei, teríamos escolas mais novas e prisões mais antigas. Policiais, bombeiros e professores receberiam o que merecem. Haveria um número suficiente de vagas de estacionamento para deficientes para todos que precisassem, mas não haveria nenhuma sobrando. Todos estariam no mesmo fuso horário, e haveria uma maneira de conseguir a economia proporcionada pelo horário de verão sem a mudança de horário que dura meses.

Os consertos de ruas não seriam concentrados em algumas áreas pequenas, mas ocorreriam em toda a cidade. Todos seriam obrigados a conhecer os seus vizinhos e conversar com eles regularmente. Todas as pessoas em sua lista de cartões de Natal teriam que receber pelo menos uma ligação ou visita sua durante o ano. As guerras seriam travadas pelas pessoas que as iniciassem. Todos seriam obrigados a trabalhar em algo de que gostassem.

E, finalmente, se eu fosse o rei do mundo, todo homem, mulher ou criança saberia que eles são uma dádiva única e especial. Todos teriam permissão para se dedicar à própria paixão e maximizar os próprios talentos.

SE EU FOSSE REI, as pessoas seriam obrigadas a gastar a mesma energia para manter seus empregos e relacionamentos que elas gastaram para obtê-los. Os idosos seriam muito procurados por sua sabedoria e experiência. A verdade e as boas ideias seriam populares, mesmo que "nunca tenhamos feito isso dessa maneira antes".

E, finalmente, se eu fosse o rei do mundo, todo homem, mulher ou criança saberia que eles são uma dádiva única e especial. Todos teriam permissão para se dedicar à própria paixão e maximizar os próprios talentos. No entanto, como não são grandes as chances de eu me tornar o Rei do Mundo, vamos todos fazer o melhor que pudermos.

Hoje é o dia!

A DÁDIVA DOS AMIGOS

Um dia, quando você olhar para trás no que eu espero que seja uma vida bem-sucedida e satisfatória, você contará sua riqueza não tanto em dinheiro, mas, sim, em qualidade, importância e número de amigos.

É simples encontrar pessoas que se reúnem ao seu redor para uma festa ou quando os tempos são bons, mas a amizade deve ser medida pela confiabilidade em momentos de dificuldade.

A palavra "amigo" é utilizada de forma muito superficial em nossa sociedade. Temos uma tendência a pensar naquelas pessoas com quem compartilhamos bons momentos como nossos amigos. Embora muitas dessas pessoas sejam, de fato, amigas em todos os sentidos da palavra, a melhor maneira de julgar uma amizade é nos momentos de dificuldade. Pense naquelas pessoas que você chamaria no meio da noite se estivesse enfrentando um dilema. Há aqueles amigos muito especiais para quem você sabe que poderia ligar às três da manhã se tivesse um problema, e eles estariam lá para o que você precisasse, sem perguntas. Esses são seus amigos.

É simples encontrar pessoas que se reúnem ao seu redor para uma festa ou quando os tempos são bons, mas a amizade deve ser medida pela confiabilidade em momentos de dificuldade.

Eu me lembro de, quando criança, ter aprendido uma lição valiosa sobre ter cuidado com estranhos. Lembro-me de me dizerem: "Se alguma vez você se perder ou precisar de ajuda, procure alguém fardado como um policial ou bombeiro". Esses heróis desconhecidos que muitas vezes subestimamos estão sempre lá quando precisamos deles.

Os amigos não são necessariamente aqueles com quem podemos concordar ou aqueles que estarão ao nosso redor durante os melhores momentos. Amigos são, em vez disso, aqueles que respeitamos e que nos respeitam em momentos de desentendimento, sabendo o tempo todo que estarão ao nosso lado nos momentos mais sombrios. Que a lição de hoje seja reconhecer nossos verdadeiros amigos e valorizá-los como as dádivas que são para toda a vida.

A "dádiva dos amigos" é apenas uma das doze dádivas do meu livro que virou filme, *A dádiva mais preciosa*. Espero que você compartilhe cada uma delas comigo.

Hoje é o dia!

A BUSCA PELA NORMALIDADE

Recentemente, ouvi falar de um grupo de agências de publicidade que buscam constantemente o que chamam de cidade "normal". Aparentemente, o que eles estão procurando é o exemplo demograficamente perfeito dos Estados Unidos. Eles passam muito tempo procurando esse ilusório recipiente de normalidade. Mesmo quando encontram uma cidade pequena ou grande que consideram normal, dentro de um ou dois anos eles têm de seguir em frente, porque o local existente, por algum motivo, já não é "normal".

Todos nascemos como indivíduos criativos, independentes e distintos. Não importa o que você possa ouvir em contrário, nossa sociedade não recompensa ou valoriza indivíduos únicos. Somos ensinados desde cedo a nos conformar em todos os sentidos para não nos destacarmos na multidão. Em essência, somos ensinados a ser "normais".

"Embora você nunca seja normal, normal não é nada a que valha a pena aspirar."

Esse processo de normalização de todos é semelhante a buscar o menor denominador humano comum. Ou seja, se você nunca se destacar, certamente nunca será excelente.

Sempre vou me lembrar de quando fui diagnosticado com a doença que acabou resultando na minha cegueira. Depois que se tornou evidente que eu perderia lentamente a visão e não seria "normal", lembro-me de meu pai dizendo: "Embora você nunca seja normal, normal não é realmente nada a que valha a pena aspirar".

Embora todos concordemos com isso em princípio, como sociedade ainda recompensamos a normalidade. Embora eu não defenda que ninguém se torne antissocial, acho que a grandeza vem da expressão individual e criativa. Pense em todas as coisas que você faz ao longo do dia. Pergunte a si mesmo o que aconteceria se você começasse a executar algumas dessas tarefas em um nível mais elevado do que o normal. Olhe para os mentores ou pessoas a cujo desempenho você aspira. Você descobrirá que os verdadeiros realizadores neste mundo raramente fazem algo "normal". Eles executam algumas tarefas críticas no mais alto nível possível e, muitas vezes, ignoram ou delegam tarefas mundanas a outros.

Monumentos nunca são erguidos para pessoas "normais". Eles são erguidos para pessoas que se dedicaram a fazer algo extremamente bem. Encontre essa coisa em sua vida e evite a tentação de ser "normal".

Hoje é o dia!

O SEU VOTO CONTA

O nosso sistema de votação é único na história do mundo. Embora sejamos a única superpotência remanescente na face da Terra, o que torna nosso presidente, de fato, a pessoa mais poderosa viva, devemos lembrar que o voto de qualquer um de nós pode controlar o destino da pessoa mais poderosa em nosso país e em nosso mundo.

Espero que todos nós vejamos a importância do nosso direito ao voto, não só para presidente, mas para todos os assuntos estaduais e municipais também.

Recentemente, tive a oportunidade de ler o relato do general Eisenhower sobre a invasão da Normandia no Dia D. Milhares de jovens norte-americanos deram a vida naquele dia para derrotar um ditador maligno. Mais do que qualquer outra coisa, eles estavam de fato lutando pela minha e pela sua liberdade.

Uma pessoa que não vota não é melhor do que uma pessoa que vive em um sistema totalitário em que ela não pode votar. Se eu pudesse aprovar uma legislação de reforma eleitoral, faria uma lei que tornaria crime alguém reclamar do governo ou de qualquer político eleito se não tivesse votado. Envolva-se no sistema.

Hoje é o dia!

UM AMERICANO EM PARIS

Acabei de voltar de uma viagem de uma semana na França. Fico feliz em informar que a primavera em Paris é tudo aquilo que dizem. Recomendo muito a experiência. Sempre me considerei um americano orgulhoso, mas foi preciso uma viagem ao exterior para que eu tivesse um novo e ainda mais profundo apreço pela América e pelos americanos.

Enquanto estive na França, passei um dia na Normandia. Visitei Omaha Beach, onde nossas tropas americanas desembarcaram no Dia D. Muita atenção foi dada a esse evento histórico após o filme *O resgate do soldado Ryan*. Eu havia estudado muito sobre a Invasão da Normandia e achava que tinha uma boa compreensão do ocorrido, mas, quando parei no topo dos penhascos da costa francesa entre as barricadas de concreto que haviam defendido a artilharia alemã, fiquei impressionado.

Estou convencido de que a tarefa de desembarcar naquela praia e chegar ao topo das falésias esteja entre os maiores esforços na história da realização humana. Quando você refaz os passos reais dos jovens americanos que estiveram lá naquele dia fatídico, fica impressionado e com uma sensação de espanto ao pensar que algum deles realmente sobreviveu.

No topo dos penhascos onde os alemães tinham seus *bunkers* fortificados, hoje fica um enorme cemitério. Caminhei por muitos hectares de cruzes de mármore branco, percebendo que cada uma representa o filho, o pai ou o marido de alguém. Todos nós valorizamos nossa liberdade, mas o valor de algo só pode ser medido pelo preço pago para obtê-lo. Somente quando relembramos que pessoas reais, assim como você e eu, pagaram o preço máximo é que podemos realmente começar a entender o presente que nos foi dado.

Naquele dia, em 1944, o mundo estava em uma encruzilhada. Alguns americanos muito especiais realizaram uma tarefa incrível que libertou não só a França, mas também toda a Europa, e quebrou as pernas do Terceiro Reich. Aquele foi o momento e o lugar em que as Forças Aliadas decidiram fazer uma última defesa em favor da liberdade.

Da próxima vez que você assistir ao filme *O resgate do soldado Ryan*, lembre-se de que havia milhares de soldados Ryans e, ao longo das décadas seguintes e das gerações por vir, eles deram a você e a mim um presente inestimável. Que todos possamos dedicar novamente nossos esforços para aproveitar o presente e o sacrifício deles.

Hoje é o dia!

A DÁDIVA DO AMOR

Desde o início da história escrita, os seres humanos têm se debatido com a pergunta básica: "Por que estamos aqui?". Não tenho certeza se há alguma resposta perfeita e definitiva para essa busca contínua por propósito e significado.

A melhor resposta que já ouvi para esta pergunta, "Por que estamos aqui?", vem de uma querida amiga, Debra Simon. Debra é autora e criadora de uma apostila e videoaula intitulada "Perseverança, Caráter e Esperança". Em sua videoaula, Debra explica que estamos aqui para "aprender a amar". À primeira vista, essa pode parecer uma explicação simplista demais, mas, quando você realmente se concentra nela, entende que aprender a amar abrange todas as áreas de nossa vida diária.

Amor é provavelmente uma das palavras mais mal-empregadas e excessivamente utilizadas em nosso vocabulário. Muitas línguas têm várias palavras para descrever as várias emoções que agrupamos em uma palavra de quatro letras: amor. Ao longo do dia, você ouve as pessoas dizerem: eu amo meus filhos, eu amo cachorro-quente e eu amo minha nova TV de tela grande. Embora todas essas sejam emoções legítimas, elas certamente não são a mesma coisa; portanto, é compreensível que haja alguma confusão quando tentamos agir por amor em nossa vida cotidiana.

Pense em pessoas do seu passado que na maioria das vezes demonstraram a capacidade de agir por amor. Pode ser um avô, um professor especial ou um amigo querido. É fácil para nós termos pensamentos calorosos e amorosos em relação a essas pessoas. O verdadeiro desafio de aprender a amar é reagir da mesma forma em situações em que não nos sentimos amorosos e com pessoas que são muito menos amáveis.

Quando as pessoas nos atacam por ignorância, medo ou hostilidade, a nossa reação inicial pode ser responder na mesma moeda. Mesmo que justificada, nossa resposta sem amor dará continuidade ao ciclo destrutivo. No entanto, se pudermos aprender a amar e sempre responder com amor em todas as situações, podemos criar um novo ambiente ao nosso redor e iremos descobrir que outras pessoas começarão a responder a isso com um espírito de amor.

A "dádiva do amor" é apenas uma das doze dádivas do meu livro que virou filme, *A dádiva mais preciosa*. Espero que você comece a compartilhar a dádiva do amor associada com todas as dádivas ao fazer de hoje um dia especial.

Hoje é o dia!

PERSPECTIVA

Recentemente, tenho estudado datas especiais ao redor do mundo e como as pessoas as celebram. A tradição britânica conhecida como Boxing Day me chamou a atenção. O Boxing Day é comemorado no dia seguinte ao Natal e, tradicionalmente, é o dia em que a nobreza oferece presentes aos servidores. Recentemente, ouvi falar que os militares britânicos observavam o feriado trocando de lugar com os oficiais e soldados de serviço durante o dia. Além de ser uma maneira interessante de celebrar a data, há muitas lições a se aprender ao trocar de lugar com um subordinado ou um superior.

Todos nós percebemos intelectualmente que não somos uma ilha e que quaisquer tarefas que possamos realizar são realmente um esforço de equipe. No entanto, de vez em quando é bom ser lembrado disso em termos reais.

Se você é um leitor regular dos meus livros, ou destas colunas, talvez se interesse em saber que, embora as ideias e os conceitos que você lê tenham origem nos profundos recantos da minha mente, eles chegam às páginas de livros, jornais e revistas, entre outros, por meio dos dons de uma pessoa muito talentosa chamada Dorothy. Sem os editores de jornais e revistas, você nunca estaria lendo "Sabedoria de vencedores". Aqueles que vão às minhas palestras em auditórios ou convenções me veem ali no palco sozinho. Sem os esforços contínuos de uma jovem chamada Kelly, esses eventos não seriam possíveis. Se você me viu na televisão, eu provavelmente estava sozinho ou entrevistando alguém. Sem as contribuições significativas de forças criativas como Beth e Susan em nossos estúdios, essas aparições na televisão não aconteceriam.

Em nosso escritório, há uma pessoa muito talentosa, chamada Clover, que faz tudo acontecer, incluindo a tarefa desconcertante de fazer com que informações inteligentes e úteis saiam de nossos computadores. E por último, mas não menos importante, minha parceira, Kathy, é uma pesquisadora de classe mundial e pensadora estratégica. Sem a brilhante contribuição dela, as pessoas em todo o país descobririam que tipo de executivo eu realmente sou, em vez da pessoa extraordinária que acreditam que eu seja. Sou abençoado por ter uma equipe maravilhosa ao meu redor, que realiza meus sonhos.

Pense na sua própria situação. Quais são as coisas de que você se orgulha diariamente? Pense em todas as pessoas que tornam essa conquista possível. Esteja ciente de suas contribuições significativas e aproveite o dia de hoje como uma oportunidade para simplesmente dizer: "Obrigado!".

Hoje é o dia!

QUEM SOMOS NÓS?

A menos que você viva sob uma rocha em algum lugar ou tenha tirado férias prolongadas em um planeta distante, provavelmente já ouviu mais do que gostaria sobre a polêmica da clonagem. Você ficará feliz em saber que não vou acrescentar o meu parecer à miríade de pessoas na mídia que têm uma opinião a lhe dar. Sinto que a atual controvérsia na atenção midiática que há em torno da clonagem e da pesquisa com células-tronco nos dá a oportunidade de explorar algumas questões fundamentais.

A mais básica dessas perguntas é o antigo dilema: "Quem somos nós?".

Durante anos, os cientistas comportamentais têm tentado quantificar se somos um produto do nosso ambiente ou da nossa hereditariedade. Já foi dito e escrito mais do que o suficiente sobre esse tema sem trazer qualquer direção conclusiva para o debate. Você ficará satisfeito em saber que, tal como a questão da clonagem, não estou disposto a dar a minha opinião sobre sermos ou não um produto do nosso ambiente ou da nossa hereditariedade. Suspeito que a resposta final estaria em um meio-termo, e provavelmente somos um produto tanto do nosso ambiente quanto da nossa hereditariedade.

Se você soubesse que iria assumir as características das pessoas com quem passa mais tempo, cogitaria adicionar mais algumas influências positivas à sua dose diária de amigos e associados?

Para os nossos propósitos aqui, é seguro dizer que não há nada que possamos fazer para mudar nossa hereditariedade, e que não há nada que possamos fazer para alterar o ambiente a que fomos expostos no passado. Portanto, o único lugar onde podemos ter uma influência em relação a quem somos é o nosso ambiente a partir deste ponto.

Se soubéssemos, sem sombra de dúvida, que seríamos mudados e impactados para sempre pelas pessoas, pelos lugares, pela mídia e pelo ambiente em geral ao nosso redor, talvez olhássemos para esses fatores de forma diferente. Se você soubesse que iria assumir as características das pessoas com quem passa mais tempo, cogitaria adicionar mais algumas influências positivas à sua dose diária de amigos e associados? Se soubesse que os livros que lê e as mídias às quais está exposto alterariam sua visão, sua direção e sua personalidade, você não começaria a buscar mais informações positivas?

Enquanto a ciência está perdendo muito tempo e dinheiro debatendo questões que nunca serão resolvidas, sugiro que hoje você e eu nos concentremos em nosso mundo e nas coisas que podemos, de fato, mudar.

Hoje é o dia!

A DÁDIVA DO RISO

Já foi dito que rir é o melhor remédio. O mundo busca desesperadamente por bons remédios para curar feridas e conflitos.

Quando você pensa nos bons momentos da vida e nas pessoas especiais que conhece, essas lembranças preciosas que consegue recordar provavelmente envolvem risadas. Existem algumas recordações que são tão fortes que só de lembrar determinada época e lugar pode fazer você sorrir, mesmo anos depois. Esses momentos são o que chamo de "fazer um depósito no seu banco de memória".

Se você duvida do poder do riso, eu indico a você o livro de Norman Cousins *The Anatomy of an Illness* (A anatomia de uma doença). Nesse livro, Cousins conta sua própria história de superação de uma doença terminal por meio do poder do riso. Não se trata simplesmente de ser otimista ou de não ser realista; existem benefícios clínicos e fisiológicos no riso. O mais importante, no entanto, é que o riso melhora a nossa qualidade de vida.

Kelly Morrison é a diretora de marketing que cuida do meu trabalho na televisão, dos livros, das palestras e destas colunas. Ela também é uma cantora e compositora muito talentosa. A melhor música que ela já escreveu, e uma das melhores que alguém já escreveu, chama-se "Laugh a Little" (Ria um pouco). A canção é sobre dois amigos cujas vidas estão seguindo em direções distintas. O conselho de despedida é sempre encontrar uma maneira de trazer o riso e a alegria em cada situação.

Encontre hoje maneiras de trazer alegria e riso para sua vida e para a vida das pessoas ao seu redor. Você será mais saudável, mais feliz e uma companhia muito mais agradável. Especialmente em momentos de estresse, certifique-se de manter ao seu alcance: livros, vídeos e seu banco de memória cada vez maior para lhe dar um saque instantâneo de riso e alegria.

A "dádiva do riso" é apenas uma das doze dádivas do meu livro que virou filme, *A dádiva mais preciosa*. Espero que você abrace cada uma das dádivas e se concentre nesta semana em trazer o riso para o seu mundo.

Hoje é o dia!

PONTES E LIMITES

Em toda relação humana, haverá uma série de pontes ou uma série de limites. As pontes são as emoções de confiança que nos conectam uns aos outros. Os limites são as emoções de desconfiança que criam barreiras de proteção perceptíveis ao nosso redor. Tanto as pontes quanto os limites serão testados por aqueles com quem nos relacionamos assim que forem estabelecidos.

Todos nós conhecemos pessoas que estabelecem pontes em um ritmo que nos deixa incomodados. Por exemplo, se você conhece um novo vizinho que se sente à vontade para vir a sua casa a todo momento do dia e da noite sem aviso prévio, para pegar coisas emprestadas sem permissão, podemos dizer que ele estabeleceu uma ponte que ainda não é forte o suficiente para apoiar esse elemento do relacionamento de vocês. Por outro lado, todos nós temos amigos de longa data que sabem que, se realmente precisarem, podem vir à nossa casa a qualquer hora e pegar qualquer coisa que possa ajudá-los. Nesse caso, a ponte é forte o suficiente para sustentar esse elemento da relação.

Os limites funcionam da mesma forma. Assim que um limite for estabelecido em uma relação humana, ele será testado. Se você disser ao seu filho de 4 anos para não sair do seu quintal, pode apostar que dentro de alguns instantes ele estará no limite ou além do limite da sua propriedade. Todas as pontes e limites serão testados.

Sempre que possível em nossa vida pessoal e profissional, é melhor construir uma ponte do que um limite. É melhor estar envolvido com pessoas em quem você pode confiar, por causa da ponte que construiu, do que apenas confiar nelas por causa do limite que você estabeleceu.

A diferença entre ser capaz de dizer a alguém "Eu confio em você para lidar com isso da maneira certa na hora certa" é muito grande em relação a ser forçado a dizer "A menos que você aja dessa maneira, serei forçado a penalizá-lo". Se houver uma chance, a maioria das pessoas irá se esforçar para ser confiável caso possa escolher uma ponte em vez de um limite. Obviamente, teremos prisões, porque algumas pessoas não conseguem entender as pontes e devem ser submetidas à máxima limitação. No entanto, a maioria das pessoas será tão confiável quanto você espera que elas sejam, e, quando você comunicar o nível de confiabilidade que espera delas, elas irão agir de acordo com ele.

Por mais de uma década como uma pessoa cega, tenho dado dinheiro a literalmente centenas de balconistas de lojas, funcionários de hotéis, motoristas de táxi, entre outros, e muitos deles sabem que sou cego. Até hoje, ainda não tive uma pessoa que me enganou. Se você passa a vida esperando que as pessoas sejam boas, elas geralmente serão.

É melhor estar envolvido com pessoas em quem você pode confiar, por causa da ponte que você construiu, do que apenas confiar nelas por causa do limite que você estabeleceu.

Hoje, encontre uma maneira de construir uma ponte e de derrubar os limites.

Hoje é o dia!

É UM MUNDO PEQUENO

Se você assiste ao noticiário noturno e vê histórias do mundo todo, é fácil ter a impressão de que as pessoas são muito diferentes. Embora as pessoas de outras partes do mundo certamente vivam estilos de vida diferentes, elas são um produto de seu ambiente. As esperanças, os objetivos, os sonhos e as ambições delas são muito parecidos com os seus e os meus.

Recentemente, fui contatado por um grupo que publica revistas de negócios e periódicos na antiga União Soviética. Eles estão arrumando uma maneira de traduzir estas colunas da "Sabedoria de vencedores" para o russo, ucraniano, lituano, estoniano e letão. A minha reação inicial foi: "Por que essas pessoas estariam interessadas em minhas colunas semanais sobre negócios, sucesso, motivação etc.?". Mas, depois de uma reflexão mais aprofundada, percebi que as pessoas são iguais em todos os lugares. Elas querem que a vida delas amanhã seja melhor do que é hoje e querem um futuro melhor para os seus filhos e netos.

Essas pessoas ao redor do mundo que estão apenas começando a experimentar o capitalismo e o sistema de livre-iniciativa estão famintas por informação e conhecimento. Embora estejam muito atrás de nós em métodos e técnicas, nos próximos anos elas irão compensar isso com seu próprio desejo ardente e sua forte motivação.

Estamos verdadeiramente em uma economia global, em uma sociedade global. O transporte rápido e acessível e a internet estão mudando o nosso mundo e a forma como fazemos negócios. No passado, quando você iniciava um negócio, tinha que decidir quantos quarteirões ou quilômetros quadrados iriam constituir o seu mercado. Agora, a *world wide web* nos dá a oportunidade de sermos globais instantaneamente.

Muitas vezes, quando estamos refletindo sobre o nosso negócio, pensamos em nós mesmos ou em nossos vizinhos. No século 21, devemos pensar nas pessoas do outro lado do mundo também. Na verdade, com a nova tecnologia, essas pessoas são nossas vizinhas.

Ao ler estas palavras e refletir sobre como elas se aplicam ao seu sucesso e ao seu futuro, perceba que as pessoas do outro lado do mundo estão lendo estas mesmas palavras enquanto buscam o próprio sucesso. Se você se concentrar em alcançar seus próprios objetivos, ajudando essas pessoas ao redor do mundo a alcançar os objetivos delas, não há como falhar. A vida ainda é uma questão de ajudar a si mesmo, atendendo às necessidades dos outros. Hoje, pense em como sua empresa pode funcionar no seu quarteirão, na sua cidade e em todos os cantos do mundo.

Hoje é o dia!

PESSOAS E EXPECTATIVAS

Como você já deve ter percebido, o mundo está cheio de todos os tipos de pessoas. Algumas delas combinam bem com nossa personalidade e nossas expectativas, e outras simplesmente não. Isso não é um problema em si, porque todas essas pessoas juntas compõem o nosso mundo como ele existe.

A dificuldade surge quando esperamos que as pessoas sejam diferentes do que são. Por exemplo, todos nós temos um amigo ou conhecido que chega sempre atrasado aos compromissos. Se esse é o único problema, ele pode ser resolvido. Ao longo dos meses e anos, simplesmente aprendemos a separar um tempo extra, porque sabemos que essa pessoa continuará atrasada. O problema surge quando esperamos que ela seja pontual.

Podemos nos preocupar e nos afligir com o fato de a pessoa estar atrasada, e ela ainda vai chegar tranquilamente meia hora depois do horário combinado. Isso se torna problemático, porque invariavelmente a pessoa que está atrasada permanece calma, relaxada e sem qualquer preocupação, enquanto você – que nutriu a expectativa de que ela chegaria no horário – estará uma pilha de nervos. Um ato de singular equilíbrio é esperar o melhor dos outros ao mesmo tempo que se permite que eles sejam as pessoas que já demonstraram ser.

Certas pessoas nunca serão organizadas, atenciosas, educadas, profissionais ou pontuais. Esse desafio não é nada comparado ao que enfrentamos quando construímos um mundo de expectativas que faz das pessoas o que elas não são. Não podemos esperar que as pessoas estejam à altura dos nossos padrões. Podemos simplesmente apontar o que consideramos ser uma deficiência no desempenho delas e nos colocar à disposição para ajudá-las, na medida em que elas realmente queiram ajuda.

Na maioria das vezes, pessoas atrasadas, grosseiras, bagunceiras, pouco profissionais, entre outras coisas, são assim porque em algum lugar da vida elas aprenderam que há uma recompensa por esse tipo de comportamento, ou a penalidade não é suficiente para que elas mudem. Se, em vez de sempre reclamar do atraso do seu amigo, você simplesmente seguir sem ele, pode ser que ele comece a mudar os próprios hábitos. Obviamente, até chegar a esse ponto, as suas queixas e o seu nível de estresse não funcionaram.

Decida sempre esperar que as pessoas façam o seu melhor, mas dê espaço a elas para que sejam quem realmente são. Neste mundo, só há uma pessoa cujo desempenho podemos influenciar. Concentre toda a sua energia no desempenho dessa pessoa e permita que outras pessoas busquem o próprio nível de desempenho.

Hoje é o dia!

SEIS OCASIÕES PARA EXIGIR POR ESCRITO

Como uma pessoa cega que escreveu uma dúzia de livros e centenas de colunas semanais de jornais ao longo dos anos, tenho que rir quando penso o quanto já escrevi. Mesmo que eu produza milhões de caracteres impressos que não consigo ler, ainda entendo que há momentos em que você tem que exigir as informações por escrito.

Na sua vida profissional e mesmo na pessoal, há ocasiões em que nada substitui o registro em papel, preto no branco. Nas seguintes circunstâncias, "sempre exija por escrito":

1. Se houver alguma questão de integridade, não deixe de exigir por escrito. Lembre-se de que há sempre uma questão de integridade em uma transação. Não estou duvidando da honestidade de nenhuma pessoa com quem você ou eu estejamos negociando. A questão simplesmente é que hoje, com inúmeras fusões, aquisições e transferências de controle, a pessoa honesta com quem você fez um acordo pode estar fora de cena quando o momento crítico de integridade surgir.

2. Exigir por escrito irá elucidar memórias falhas. Talvez ontem você tenha fechado um negócio ou firmado um acordo tão importante e memorável que acha que nunca irá esquecer os

compromissos acertados entre você e a outra parte. Na realidade, daqui a dezoito meses, você talvez nem se lembre do nome dessa pessoa. De vez em quando, faço negócios com amigos e familiares. Sempre exijo por escrito. Não é porque eu não confio nessas pessoas. É porque valorizo tanto o relacionamento que não quero que haja ressentimentos por um de nós ter tido um lapso de memória.

3. Quando você estiver em uma situação desconfortável ou em uma disputa que possa resultar em um conflito pessoal ou profissional, redija os seus sentimentos e entendimentos. Muitas vezes, as pessoas ficam muito sensíveis em uma disputa ou um mal-entendido. A palavra ou frase errada pode prejudicá-lo para sempre. Uma palavra dita com raiva ou frustração pode nunca desaparecer. Lembre-se de que, se você redigir o seu entendimento, os seus sentimentos ou a sua posição, e apresentar o que foi escrito à outra parte, ela geralmente terá que ler o texto na íntegra antes de responder. Se você tentar trazer o mesmo argumento verbalmente, é provável que seja interrompido e forçado a responder aos argumentos da outra pessoa. E talvez ninguém consiga expor tudo o que pensa. A comunicação é a chave para a maioria das resoluções de conflitos. Colocá-la por escrito obriga todos a pensar e analisar antes de falar.

4. Se houver uma pauta para uma reunião ou um acompanhamento com tarefas específicas, marque sempre por escrito. Descobri ao longo dos anos que a pessoa que aparece em uma reunião ou negociação com uma pauta escrita para todos con-

trola a direção do diálogo. Mesmo que nem todos concordem com a sua pauta, pelo menos podem dar início com seus pontos e avançar a partir daí. Após uma reunião ou teleconferência, colocar as várias tarefas e compromissos das várias partes por escrito proporcionará a você um melhor desempenho e melhores resultados. Isso irá reduzir a quantidade de tempo que você tem que gastar enviando lembretes constantes e irritantes do que as outras partes devem fazer.

5. Quando tiver a oportunidade de agradecer ou elogiar alguém, faça isso por escrito. É um lembrete tangível para ele de sua gratidão e estima. Se alguém comprar algo de você ou executar uma tarefa em seu nome, uma nota de agradecimento escrita à mão fará maravilhas. Na era do e-mail e das mensagens instantâneas, uma nota manuscrita diz mais hoje do que o fazia há uma geração. Há momentos para ser *high tech*, mas, quando você está elogiando e agradecendo a alguém, isso pode até funcionar, mas não é tão eficaz.

6. Se você tem uma meta para si mesmo, sua equipe ou sua organização, coloque-a por escrito e certifique-se de que todos os envolvidos recebam uma cópia. As pessoas em nossa sociedade se acostumaram a assumir compromissos por escrito. Se você comprar um carro, uma casa, ou pegar um empréstimo, não pode deixar de assinar um monte de papéis. Todos nós levamos isso a sério porque, se for por escrito, sabemos que estamos comprometidos. Não há nenhum lugar em que seu comprometimento total seja mais importante do que em seus objetivos pessoais e profissionais.

Além desses seis pontos, sempre que você estiver em dúvida, coloque por escrito. Se não precisar do texto, ele não lhe custou muito tempo ou dinheiro. Se precisar, ele pode ser inestimável.

Hoje é o dia!

3

FOCO EM NEGÓCIOS E FINANÇAS

"Os negócios, e a vida em geral, são um ato de equilíbrio entre se destacar nos sistemas atuais enquanto cria novas e melhores maneiras de fazer as coisas e atender às necessidades daqueles que nos cercam." – Jim Stovall

Na sociedade, somos mais identificados pelo que fazemos para viver do que pelo nosso nome. Depois de ser apresentado a alguém, identificar empregos e carreiras é a próxima informação que você geralmente irá trocar. Você provavelmente irá passar mais tempo trabalhando do que com seus entes queridos, portanto é imperativo que goste do que faz, faça a diferença e encontre realização em sua carreira.

As únicas pessoas que fabricam dinheiro trabalham na Casa da Moeda. O resto de nós tem que ganhar dinheiro. A única forma de ganhar dinheiro é criando valor na vida dos outros. Se você quer gerar mais riqueza, não busque dinheiro. Busque formas mais significativas e profundas de servir a mais pessoas.

O sucesso é, inevitavelmente, uma proposta em que todos saem ganhando.

A DÁDIVA DO DINHEIRO

O dinheiro é provavelmente a mercadoria mais incompreendida em nossa sociedade. As pessoas hoje entendem o preço de tudo e o valor de nada. Tem havido mais conflitos, divórcios e disputas por causa de dinheiro do que por qualquer outra coisa.

Para começarmos a ter uma atitude saudável em relação ao dinheiro, é preciso entender que ele é apenas uma ferramenta ou um veículo. O dinheiro pode nos dar o que desejamos ou nos levar aonde queremos ir. A menos que haja algo que você deseje ou algum lugar aonde você queira ir, o dinheiro não tem valor.

O dinheiro é apenas o resultado da criação de valor na vida de outras pessoas.

Como sua vida seria se o dinheiro não fosse uma questão? Essa é uma pergunta difícil de considerar, porque raramente tomamos decisões que não sejam baseadas em dinheiro. Essa é uma maneira precária de olhar para o mundo. Decida o que é bom, certo ou significativo e, em seguida, preocupe-se com o dinheiro.

Talvez você esteja interessado em saber que nunca houve falta de dinheiro. Há, no entanto, de tempos em tempos, uma escassez de criatividade, serviço ou valor. O dinheiro é apenas o resultado da criação de valor na vida de outras pessoas. Se você parar de se preocupar com o dinheiro e começar a se preocupar em agregar valor na vida das pessoas ao seu redor, terá mais dinheiro do que precisa. Se simplesmente se preocupar com o dinheiro, nunca terá o suficiente. Você será como a pessoa tola que fica na frente do fogão dizendo: "Forneça-me calor, e então eu lhe darei lenha".

A "dádiva do dinheiro" é apenas uma das doze dádivas apresentadas no meu livro que virou filme, *A dádiva mais preciosa*. O livro e a dádiva do dinheiro nos ensinam que tudo de que precisamos para viver nossos maiores sonhos e cumprir o nosso destino já foi providenciado para nós. Espero que você comece a utilizar essa dádiva e faça do dinheiro seu servo, em vez de ser escravo dele. Espero que você pegue um exemplar do livro *A dádiva mais preciosa* e comece a ver sua vida florescer como a realização de seus maiores sonhos e o cumprimento de seu destino.

Hoje é o dia!

NEGOCIANDO COM O MUNDO: UMA PESSOA DE CADA VEZ

No início, os negócios eram feitos de pessoa para pessoa, na forma de permuta ou contratos verbais de serviços pessoais. Eu podia trocar o meu camelo por suas cestas de trigo. Depois ficamos "mais sofisticados". Criaram-se mercados, moedas, e a forma de câmbio tornou-se muito mais complicada. As pessoas foram relegadas a fazer negócios por meio de canais estabelecidos que eram controlados por governos ou grandes empresas.

O microempresário foi obrigado a fazer negócios por meio desses canais, por exemplo, anunciando na mídia, a fim de atender aos desejos e às necessidades de cada cliente.

A internet tem mudado isso e por fim irá revolucionar a forma como fazemos negócios. Ela não irá nos levar a um novo patamar onde nunca estivemos antes. Em vez disso, ela nos levará de volta ao início. Muitos empreendedores estão trabalhando em casa, com nada mais do que uma linha telefônica e um computador pessoal. Eles podem fazer negócios em qualquer lugar do mundo, de dia ou de noite, com pouquíssimas restrições ou limitações.

Muitos de nós tentamos evitar ou adiar a realização de negócios na internet. Isso está se tornando cada vez menos prático a cada dia.

As pessoas simplesmente não vão passar por várias etapas de comércio se puderem fazer negócios como era no início – direto com o cliente.

Esses desenvolvimentos comprovam a validade de dois velhos ditados: "Não há nada mais constante do que a mudança" e "Não há nada de novo debaixo do sol".

Se você quer revolucionar o seu negócio, a sua carreira ou a sua vida, não se preocupe com a tecnologia. Basta perguntar a si mesmo: "Que produto, serviço ou informação posso fornecer às pessoas em todo o mundo?".

Embora a internet nos permita fazer negócios em um piscar de olhos com milhares de pessoas ao redor do mundo, a dinâmica é tão antiga quanto as primeiras formas de comércio. Você deve agregar valor na troca dentro de um ambiente confortável e agradável para fazer negócios. Para prosperar no século 21, precisamos trabalhar usando a tecnologia mais recente – e os métodos mais antigos.

Hoje é o dia!

O PODER DA PERCEPÇÃO

Como uma pessoa cega que acaba de escrever seu décimo livro, tenho contemplado o velho ditado: "Você não pode julgar um livro pela capa". Cheguei à inevitável conclusão de que as pessoas podem julgar, e julgam, os livros com base nas capas e fazem o mesmo em outros aspectos da vida com base em detalhes superficiais insignificantes.

Nos negócios, todos nós nos esforçamos para promover e comercializar nossos produtos ou serviços. Com um pouco de sorte, teremos tanto entusiasmo com a nossa empresa quanto esperamos que nossos clientes tenham. Mas, em última análise, as pessoas não fazem negócios com base em nossos produtos ou serviços, ou mesmo em nossa capacidade de fornecer esses produtos ou serviços. Em vez disso, as decisões de compra que sinalizam sucesso ou fracasso são baseadas na percepção dos clientes potenciais sobre nossa capacidade de entregar produtos e serviços.

As pessoas que rejeitam um livro com base em sua capa nunca saberão os tesouros que podem estar dentro dele. Pessoas que são verdadeiramente profissionais e representam grandes produtos e serviços irão fracassar se a percepção de sua capacidade de entregar esses produtos e serviços no mercado não corresponder à realidade.

Todos nós já tivemos a experiência de comer em um restaurante, ficar em um hotel, comprar um carro novo que não correspondeu nem de longe às nossas expectativas, porque alguém prometeu demais e entregou de menos. Para que o poder da percepção funcione a seu favor, você deve, de fato, ter o melhor produto ou serviço disponível em qualquer lugar. No âmago do seu ser, deve acreditar que, se o cliente entender o que você já sabe, vocês terão um relacionamento permanente e mutuamente benéfico.

Ao olhar para o seu negócio, primeiro certifique-se de que você está oferecendo e entregando o melhor que há disponível em qualquer lugar. E, então, tente olhar para a percepção do seu negócio de forma objetiva. Observe o que as pessoas experimentam quando se encontram com você, entram em seu local de trabalho, conversam com seus colegas de trabalho e conhecidos, leem a correspondência que você envia etc. É isso que, inevitavelmente, irá determinar o seu destino nos negócios e na vida.

Assegure-se de estar orgulhoso do seu produto e da sua capacidade de entregá-lo. E então, certifique-se de que a percepção no mercado corresponda ao orgulho, cuidado e profissionalismo que você investe no atendimento aos seus clientes.

Hoje é o dia!

CUSTO E VALOR

As pessoas em nossa sociedade hoje sabem o custo de tudo e o valor de praticamente nada. Valorizamos as coisas que nos trazem muito pouco prazer, ou nenhum, e ignoramos o que é verdadeiramente inestimável.

Quando você estabelece suas metas financeiras, é importante que elas sejam realmente "suas metas", não as de outra pessoa. Somos constantemente bombardeados com mensagens que nos dizem que para nos sentirmos bem ou sermos importantes devemos dirigir determinado carro, consumir determinada bebida ou usar determinada marca de roupas. Essas mensagens têm um impacto.

Estou no ramo da televisão e fico constantemente espantado pelo modo como a nossa indústria subestima a inteligência do público. O jovem comum, ao se formar no ensino médio, já terá testemunhado milhares de assassinatos e crimes violentos pela televisão. A indústria televisiva quer que você acredite que isso não tem impacto sobre eles, pois "eles entendem a diferença entre ficção e realidade". Por outro lado, esses mesmos executivos de televisão irão justificar a cobrança de mais de US$ 1 milhão por um minuto de transmissão durante o Super Bowl para vender seu mais novo cereal matinal.

A única característica compartilhada pela maioria dos grandes executivos é o fato de lerem ou ouvirem regularmente material positivo, motivacional e afirmativo.

Precisamos entender que estamos em uma batalha de custo e valor, e é uma batalha pela mente. Se realmente somos resultado do que pensamos o dia todo, a característica mais valiosa que podemos ter seria um pensamento positivo e afirmativo.

Em uma pesquisa recente com os principais executivos das empresas listadas na *Fortune 500*, foi determinado que a característica que esses líderes empresariais mais têm em comum não é sua educação, seu nível de habilidade ou sua ética de trabalho. A única característica compartilhada pela maioria dos grandes executivos é o fato de lerem ou ouvirem regularmente material positivo, motivacional e afirmativo.

Da próxima vez que puder escolher entre alimentar seu ego, alimentar seu corpo ou alimentar sua mente, tente alimentar sua mente, e você descobrirá que isso resultará em uma mudança permanente que se manifestará em todas as áreas de sua vida.

Hoje é o dia!

FAZER DINHEIRO *VERSUS* GANHAR DINHEIRO

Nunca houve falta de dinheiro. Há, de tempos em tempos, falta de ideia, inspiração, motivação ou criatividade. Essa escassez pode resultar na falta de dinheiro. É importante perceber que as únicas pessoas que fazem dinheiro trabalham na Casa da Moeda. Todas as outras pessoas ganham dinheiro.

Há uma troca justa entre o que um indivíduo faz e o que é pago a ele por seu trabalho. O pagamento por um serviço aumenta à medida que aumenta o seu grau de dificuldade, o risco, a experiência ou a quantidade de treinamento necessário. Há muitos serviços nos quais, com um dia de treinamento, você já está capacitado a fazer o que é necessário e pronto para ocupar a posição. Na maioria dos casos, esses empregos não pagam muito bem. Por outro lado, se você deseja ser neurocirurgião, não estará apto a realizar seu trabalho ao final do primeiro dia; no entanto, quando tiver completado muitos anos de treinamento, será muito bem remunerado.

É importante perceber que existem certos empregos e serviços prestados em instituições de ajuda humanitária em que a compensação está, pelo menos em parte, na satisfação recebida pela conclusão da tarefa. Como exemplo, posso citar os membros do clero e, mais notavelmente, aqui em Oklahoma, os professores das escolas públicas. Penso que todos concordamos que a importância e a responsabilidade que eles assumem excedem em muito a sua compensação monetária.

Da próxima vez que você se ouvir dizendo "Eu gostaria de ganhar mais dinheiro", simplesmente faça a si mesmo a pergunta: "O que estou disposto a fazer para valorizar os produtos e serviços que ofereço às pessoas ao meu redor?". Depois de responder a essa pergunta e começar a trabalhar nesse nível, os seus ganhos certamente virão.

Desejo a você todo o dinheiro que estiver disposto a ganhar.

Hoje é o dia!

TEMPO E DINHEIRO

Todos nós já ouvimos a máxima popular que diz "tempo é dinheiro". Como a maioria dos ditados, esse, em sua essência, tem uma verdade prática real para todos nós. A maioria das pessoas vai trabalhar todos os dias e gasta de oito a dez horas ou mais em troca de um salário. Embora muitas gostem de seu emprego, se forem honestas ou mesmo práticas, irão admitir que estão trocando seu tempo pelo dinheiro de alguém. Isso faz sentido na vida profissional, mas muitos perderam a equação "tempo e dinheiro" no que diz respeito à vida pessoal.

Conheço executivos de alto nível que chegam em casa depois de um longo dia e passam a noite trabalhando no quintal ou fazendo tarefas domésticas em vez de passar o tempo com a família ou com outras atividades recreativas de que eles talvez gostem. Se você realmente gosta de cuidar do quintal ou de realizar trabalhos domésticos, isso não se aplica a você, mas devemos perceber que, quando estamos realizando qualquer tarefa, os princípios de tempo e dinheiro ainda se aplicam.

Enquanto estamos cuidando do quintal, estamos trocando tempo de qualidade com a família ou tempo de recreação pessoal pelo preço de contratar um jardineiro. Em uma equação perfeita de tempo e dinheiro, você deve gastar seu tempo fazendo o que faz de melhor, o que agrega mais valor e resulta em mais dinheiro. Então, deve contratar pessoas para fazer as outras coisas que elas fazem bem, ficando livre para se dedicar a outras áreas da vida.

A mesma coisa que fez nossa civilização progredir ao longo dos séculos irá tornar a nossa vida pessoal mais rica e diversa. Quando as pessoas são livres para fazer o que fazem de melhor, ao mesmo tempo que permitem que outras pessoas façam as tarefas necessárias da vida, progredimos – cultural e pessoalmente.

Pense na sua vida e na sua agenda. O que você mais gosta de fazer e o que agrega mais valor? Faça essas coisas e use parte do seu dinheiro para investir na compra de mais tempo. Em última análise, o tempo é tudo o que temos.

Hoje é o dia!

O QUE VOCÊ SABE AGORA?

Você já pegou a si mesmo ou alguém dizendo "Se eu soubesse antes o que sei agora..."?

Todos nós, uma vez ou outra, percebemos que, em algum momento no passado, estávamos em posse de algumas informações muito valiosas; mas talvez não soubéssemos que era uma informação valiosa na época. Fosse a ação recém-lançada que poderíamos ter comprado a preço de banana há vários anos ou o terreno barato do outro lado da rua, onde agora está o mais novo shopping, é fácil fazer previsões depois que o fato já aconteceu.

Tudo faz sentido e é totalmente claro em retrospectiva; no entanto, você não pode dirigir pela vida enquanto olha no retrovisor. Embora a visão no retrovisor possa ser perfeita, o resultado será inevitavelmente desastroso. Não importa o quão assustador, obscuro ou incerto, temos que tomar nossas decisões e viver nossa vida no futuro.

A genialidade é, muitas vezes, simplesmente uma questão de olhar para as coisas de uma forma um pouco diferente do resto do mundo.

Se pudermos aceitar o fato de que, na vida, muitas vezes estivemos em posse de informações extremamente valiosas, quer soubéssemos ou não, também podemos aceitar o fato de que estamos, neste momento, em posse de algumas informações muito valiosas que podem ser incrivelmente lucrativas ou benéficas em um futuro próximo. Ou você aproveita esse conhecimento agora ou em um dia futuro você irá olhar para o dia de hoje com a velha afirmação: "Se eu soubesse antes o que sei agora...".

O "antes" de amanhã é o "agora" de hoje. A questão não é se você tem ou não a informação. A questão é: você é capaz de reconhecê-la e agir de acordo com ela? Sabedoria e liderança vêm de reconhecer, antecipar e agir sobre fatos e detalhes que os outros ignoram. A genialidade é, muitas vezes, simplesmente uma questão de olhar para as coisas de uma forma um pouco diferente do resto do mundo; ou simplesmente reconhecer que há muitos tesouros ao nosso redor que estão disponíveis para qualquer um que os reconheça. Não espere até que seja tarde demais para reconhecer seus tesouros. Olhe, ouça e aja.

Hoje é o dia!

CHEGA AO FIM O U.S. OPEN

Milhões de pessoas em todo o mundo passaram a metade de junho totalmente focadas no torneio de golfe U.S. Open. À medida que as várias histórias se desenrolavam, havia muitas lições a serem aprendidas. As pessoas que pensavam que Tiger Woods era imbatível aprenderam que, embora ele possa ser o melhor do mundo no que faz, ninguém é invencível.

Milhares que estavam presentes e milhões assistindo pela TV viram três golfistas profissionais, pertencentes à elite do esporte, no melhor momento de seu jogo, errarem o buraco final em uma tacada a curta distância que os faria vencer o torneio. Ouvi muitas pessoas na mídia e pessoalmente dizerem: "Eu conseguiria acertar qualquer uma dessas três tacadas". Na verdade, se você tirasse a pressão, a tensão e tudo o que estava em jogo, qualquer um provavelmente conseguiria acertar aquelas tacadas. Mas a vida não funciona assim.

Esses três jogadores fizeram, cada um, mais de 275 tacadas durante a semana que praticamente ninguém mais no mundo conseguiria ter feito. O alto nível de habilidade os levou ao último buraco no último dia, onde cada um deles perdeu a tacada mais simples da semana. Isso aponta para o velho ditado: "Você é tão forte quanto seu elo mais fraco".

Muitas vezes, nos negócios e na vida, é a negligência aos pequenos detalhes cotidianos que nos faz experimentar um mau desempenho. Pense nas pessoas que você conhece ou nas empresas com as quais faz negócios e que o impressionam. Provavelmente, se você realmente procurar saber o que faz a diferença, serão as pequenas coisas. Uma saudação cortês, uma nota de agradecimento educada ou simplesmente entregar algo a mais como um curso normal de negócios pode fazer toda a diferença.

Muitos de nós voamos com as companhias aéreas como parte de nossa rotina. Os passageiros costumam falar de bons voos e maus voos. Se você pedir a eles para definir a diferença, esta geralmente irá se resumir a um sorriso caloroso, uma saudação educada ou um padrão de profissionalismo da tripulação um pouco acima da média. No decorrer do seu dia de hoje, lembre-se de que as grandes coisas são importantes, e é nelas que nos concentramos; no entanto, muitas vezes, como os três golfistas no U.S. Open, você será lembrado, viverá e morrerá com base nas pequenas coisas.

Hoje é o dia!

A PERSISTÊNCIA COMPENSA

O sucesso na vida, seja pessoal ou profissional, vem de um desempenho de alto nível por um longo período. Hap Lowry é um amigo e colega na área de palestras. Ele tem uma série de declarações poderosas que chama de "Hapismos". Uma das minhas favoritas é: "A persistência paga altos dividendos tanto no nível profissional quanto no pessoal".

Todos nós conhecemos pessoas que tiveram uma grande ideia e simplesmente desistiram antes da reta final. Há outras que, devido a um desempenho extraordinário uma vez, alcançaram seu objetivo; no entanto, como não performam em um nível persistentemente alto, seu breve sucesso simplesmente desaparece na névoa do esquecimento. Eles se tornam atores, autores, cantores ou empresários que, sempre que o nome deles é mencionado, alguém fará a eterna pergunta: "O que aconteceu com eles?". A vida se resume a ter um desempenho de alto nível durante um longo período, em vez de ter um desempenho excepcional apenas uma ou duas vezes.

O sucesso na vida, seja pessoal ou profissional, vem de um desempenho de alto nível por um longo período.

Há dois anos, comecei minha própria revolução pessoal com exercícios e alimentação. O meu novo estilo de vida resultou em uma perda de peso de mais de 45 quilos e uma condição física melhorada que eu não julgava possível para alguém que já comemorou seu quadragésimo aniversário. Descobri que persistência e consistência são a chave para o sucesso contínuo. De vez em quando, as pessoas entram na academia que frequento, malham em um ritmo sobre-humano por um ou dois dias, depois vão embora e nunca mais se ouve falar delas.

Tenho revisado pesquisas de liderança realizadas para determinar os elementos que os executivos de alto desempenho usam para se autoavaliar. Eles fazem perguntas como: "Estou no caminho certo para meus objetivos?", "As pessoas ao meu redor estão dedicadas ao nosso sucesso coletivo?" e muitas outras. Uma das perguntas mais intrigantes surgidas das pesquisas com executivos é a seguinte: "O meu ritmo é sustentável?". Se o seu ritmo não for sustentável, você provavelmente nunca verá o topo da montanha, e, se o fizer, será apenas por um breve momento antes de deslizar de volta pela encosta, perdendo o progresso que fez.

Hoje, ao olhar para seus objetivos de longo prazo e suas tarefas de curto prazo, a fim de garantir que está no caminho certo, você deve saber que as coisas que você está fazendo hoje o levarão ao seu destino, e que o desempenho de hoje é repetível e sustentável. Dedique-se a ter um desempenho consistente que seja confiável e seguro. Quem ganha a corrida nem sempre é o mais rápido. O prêmio vai para o indivíduo que percebe que hoje é simplesmente mais um degrau em direção ao seu objetivo.

Hoje é o dia!

LISTA PENDENTE DO QUE FAZER E DO QUE NÃO FAZER

Como uma pessoa cega em um mundo dc papel impresso, aprendi várias lições que acho que podem beneficiar a todos. Como tenho pessoas para ler toda a minha correspondência e outros materiais impressos, formulei uma política ao longo dos anos: lidar com toda a papelada apenas uma vez.

Inicialmente, isso começou como um meio de maximizar o tempo e o esforço daqueles cujos olhos eu uso para decifrar documentos impressos. Descobri que essa política é ainda mais eficaz para criar eficiência e prioridades na minha vida.

Muitas pessoas desperdiçam esforço e energia enquanto geram ansiedade por não lidar com as coisas imediatamente. Quando me deparo com um assunto que exige atenção, tenho três opções. Um: faça isso agora. Dois: não faça isso de jeito nenhum. Ou três: coloque em uma lista pendente para ser revisado em uma data posterior. Embora isso pareça elementar, revolucionou minha vida empresarial. Todos os dias, eu simplesmente sigo minha lista de prioridades e coloco quaisquer novos projetos que encontro em uma das três categorias mencionadas. Na vida, o que é verdadeiramente importante muitas vezes fica em segundo plano em relação ao que é imediato ou urgente.

Dê uma olhada na sua lista de "afazeres" e faça a si mesmo estas perguntas com relação a cada um dos itens: "Qual é a pior coisa que poderia acontecer se eu não fizesse isso de forma alguma?". Então pergunte: "Qual é a melhor coisa que poderia acontecer se eu fizesse isso?". E, por fim, pergunte: "Isso pode ser igualmente eficaz se eu o fizer mais tarde?".

Não acredito em procrastinação, mas acredito em priorização. Muitas vezes, eliminamos coisas importantes da nossa agenda, substituindo-as por tarefas que poderiam ser feitas mais tarde ou nem feitas.

Todos nós passamos muito tempo estudando a melhor maneira de investir nosso dinheiro. Infelizmente, muito pouca ênfase é colocada em como investimos nosso bem mais importante e insubstituível: nosso tempo.

Hoje é o dia!

PROBLEMAS E PRIORIDADES

Todos os dias, todos nós nos deparamos com duas questões importantes que impactam muito a nossa produtividade. Essas duas questões são "O que estamos fazendo?" e "Quão bem estamos fazendo isso?". A maior parte da ênfase no comportamento humano e no desenvolvimento pessoal lida com a segunda questão: quão bem estamos fazendo isso? Muito raramente os gurus do sucesso se concentram no elemento principal, que é: o que estamos fazendo?

Por favor, entenda que você pode estar fazendo um ótimo trabalho ao realizar a coisa errada. É como o homem responsável pela manutenção do Titanic que estava limpando o convés enquanto o navio afundava lentamente. Limpar o convés certamente pode ser uma coisa importante, mas, enquanto o navio está afundando, isso nem de longe é uma prioridade.

Tive a oportunidade de falar com meu contador várias vezes antes da declaração do imposto de renda. Em sua total frustração com alguns de seus clientes, ele adotou um novo lema que diz: "A sua atual crise, provocada pelo seu péssimo planejamento, não é o meu problema imediato".

Somos tão grandes quanto a menor coisa que é necessária para nos desviar do nosso destino.

Existe um grande número de pessoas determinadas a fazer dos problemas delas as suas prioridades todos os dias. Todos nós já tivemos a experiência de estar envolvidos em atividades muito produtivas e frutíferas quando alguém liga e nos interrompe. É claro que o clássico exemplo é a chamada de vendas. As pessoas que trabalham com telemarketing vivem de ligar para potenciais clientes. No entanto, certamente não é sua prioridade, durante a parte produtiva da sua jornada de trabalho, se incomodar com esse tipo de chamada.

Concentre-se em sua declaração de missão pessoal e profissional e, em seguida, pergunte-se: "Quais são as coisas que posso fazer hoje que me levarão daqui para lá?". Essas atividades se tornam suas prioridades. Qualquer coisa menos importante que o desvie da sua prioridade é um problema. Lembre-se, somos tão grandes quanto a menor coisa que é necessária para nos desviar do nosso destino.

Muitas vezes, as coisas mais produtivas em nossa agenda diária não são as coisas mais fáceis de realizar. Por isso, permitimos ou até acolhemos intrusões e interrupções que sabotam nossa produtividade. No final do dia, você estará um dia mais perto ou mais longe do seu objetivo.

Faça valer a pena hoje.

Hoje é o dia!

INVESTINDO NO SEU FUTURO

Tem havido muita agitação na mídia recentemente sobre o mercado de ações e a economia. Embora eu tenha começado minha carreira nos negócios como corretor de investimentos e membro da Bolsa de Valores de Nova York, o único conselho que posso dar sobre o mercado é que ele teve altos e baixos no passado, e isso continuará no futuro. Cuidado com qualquer pessoa que tenha respostas fáceis para perguntas complexas.

Em última análise, existem apenas três áreas nas quais você pode gastar ou investir o seu dinheiro. Primeiro, você pode comprar coisas. Segundo, você pode comprar segurança. E, terceiro, você pode comprar memórias. Como na maioria das coisas, não há uma resposta simples, certa ou errada. Essa não é uma oferta "tamanho único"; no entanto, eu gostaria de explorar os benefícios e as armadilhas de cada uma dessas três áreas de investimento.

Se você investir em bens materiais de forma adequada, vai descobrir que roupas novas, carros, casas e outras coisas são muito agradáveis, mas não irão fazer você feliz no final das contas. Essas são ferramentas que podem ajudá-lo a ter o estilo de vida que você escolheu para si mesmo. Enquanto você controlar essas coisas e elas não controlarem você, tudo estará bem.

Se você investir muito pesado em segurança, pode achar que está totalmente preparado para o proverbial "dia de chuva" e pode acabar experimentando uma seca de longo prazo. É bom ter um guarda-chuva, mas, se você possui sete deles, é realmente demais, não importa o clima. Esteja preparado para o amanhã, mas não sacrifique o hoje.

Por fim, você pode investir em memórias. Já ouvi dizer que não nos lembramos tanto dos anos passados quanto dos momentos. Investir nesses momentos mágicos pode render enormes dividendos em seu próprio sucesso pessoal e felicidade.

Busque, em cada uma dessas três áreas, o nível de investimento que lhe dará os lucros que você deseja. Decida hoje se concentrar em seus recursos e em como investi-los nessas três áreas. Encontre a estratégia certa para você e siga com ela, faça chuva ou faça sol.

Hoje é o dia!

QUEM ESTÁ NO COMANDO?

Em nossa vida cotidiana, o controle muitas vezes é uma ilusão. Há muitos livros sobre gestão de tempo; no entanto, no final das contas, não conseguimos gerenciar o tempo. Só nos resta gerenciar a nós mesmos.

Uma colega minha está passando pela experiência de ter um recém--nascido em casa. Ela comentou comigo: "É incrível como essa pequena pessoa de três quilos, que está totalmente desamparada, pode tomar conta da vida de todos". Independentemente de ter passado ou não pela experiência de ter um bebê em casa, certamente você já teve a experiência de ter alguém controlando seu tempo, seu dia e, por fim, a sua vida.

Aqueles que são leitores regulares de "Sabedoria de vencedores" sabem que passamos muito tempo falando sobre assumir o controle de seus pensamentos, objetivos e destino. Isso só é possível quando controlamos nossos dias, nossas horas e nossos minutos. Muitas vezes, começamos nosso dia com a melhor das intenções de realizar as tarefas que terão como resultado nos aproximar de nosso objetivo; mas então, inevitavelmente, o telefone toca, alguém entra no escritório, ou uma coisa qualquer entre um milhão surge e nos distrai.

Muitas vezes essas distrações não podem ser evitadas. O sucesso está na rapidez com que conseguimos voltar ao caminho certo.

Minutos, horas e dias são tudo o que você tem para investir a fim de fazer do seu futuro o que você quer que ele seja. Invista-os com sabedoria.

Se você está saindo para uma viagem de automóvel de mil quilômetros, pode ter planejado todos os detalhes, programado todas as suas paradas com precisão e considerado cada fator minuto a minuto; no entanto, algo tão simples como um prego enferrujado na estrada em qualquer lugar ao longo de sua rota pode furar um pneu e atrapalhar totalmente os seus planos. A sua viagem não será um fracasso, a menos que você permita que essa interrupção o desvie de seu objetivo ou afete sua atitude. Precisamos ter os nossos objetivos muito bem definidos, mas os métodos e as rotas têm de ser flexíveis.

Quando você finalmente chegar ao topo da montanha, aqueles que estiverem por perto não irão lhe perguntar "Como você chegou aqui?". Eles simplesmente irão aplaudir o fato de você ter chegado.

Minutos, horas e dias são tudo o que você tem para investir a fim de fazer do seu futuro o que você quer que ele seja. Invista-os com sabedoria.

Hoje é o dia!

PROTEGENDO AS PRIORIDADES PESSOAIS

Quer você seja um executivo de alto nível, uma dona de casa, um estudante ou um indivíduo que desfruta de sua aposentadoria, provavelmente começa cada dia com uma lista de coisas para fazer. As pessoas que não têm uma lista de tarefas diárias, semanais, mensais ou anuais simplesmente me deixam perplexo. Ou elas têm uma mente fotográfica, ou estão fazendo muito pouco na vida, ou têm muitas prioridades passando despercebidas. Em todo caso, se quisermos maximizar nosso tempo, esforço e energia – o que, no final das contas, é tudo o que temos –, precisamos estabelecer nossas prioridades, e então precisamos protegê-las.

Todo indivíduo precisa do que eu chamo de declaração de missão pessoal. Isso é o que define quem você é e o que é importante para você em sua vida. Cada uma de suas atividades diárias deve ser avaliada à luz de sua declaração de missão pessoal. Todos nós temos uma manutenção necessária que deve ser feita. Temos que trocar o óleo, cortar o cabelo e ir ao dentista. Essas coisas devem funcionar dentro e em torno das prioridades da nossa vida.

As pessoas mais produtivas que conheço não têm menos que quatro ou cinco prioridades em um dia e não mais do que quinze a vinte. Normalmente, se você só tem uma ou duas coisas em que está trabalhando, precisa reexaminar suas prioridades ou sua missão. Se o seu dia normalmente tem mais de vinte coisas a serem feitas, diretamente relacionadas ao seu trabalho ou missão, talvez você precise examinar a possibilidade de delegar ou combinar algumas dessas tarefas.

Se você tem um número alto de atividades diárias, no mínimo deve estabelecer prioridades. Isso pode ser feito respondendo rapidamente às seguintes perguntas:

1. Se eu pudesse fazer apenas uma coisa hoje, qual seria?
2. Há alguém que possa fazer isso além de mim?
3. E se esse item específico não for feito hoje?
4. E se esse item específico nunca for feito?
5. Qual das minhas prioridades irá me colocar na melhor posição para chegar aonde quero estar amanhã, semana que vem, ano que vem etc.?

Você deve ter suas prioridades firmemente estabelecidas em sua mente porque, ao longo do seu dia, vai se deparar com muitas pessoas que, por qualquer motivo, colocaram você na lista de prioridades delas. Pode ser um vendedor tentando lhe oferecer algo, um velho amigo querendo se reconectar com você, um vizinho ou colega querendo visitá-lo ou fazer contato, além de várias outras atividades nas quais as pessoas querem que você se envolva.

Tenha em mente que mesmo atividades válidas podem não ser suas prioridades. Se surgir algo durante o dia que obviamente é prioridade de outra pessoa, isso precisa ser classificado em sua lista de prioridades antes que você possa mudar seu plano de ação. No decorrer do dia, lembre-se: se vale a pena fazer, vale a pena priorizar.

Hoje é o dia!

TEMPO NÃO É DINHEIRO

A vida inteira ouvi dizer que "tempo é dinheiro". Compreendo que, no contexto da maximização da eficiência no trabalho, isso possa ser verdade. Mas, na realidade, tempo é tempo, e dinheiro é dinheiro. Tente ir ao supermercado e, quando passar pelo caixa, diga que você não tem dinheiro, mas está disposto a passar algum tempo na loja. Ou, quando você tem um prazo em um projeto e fica sem tempo, vai descobrir que oferecer dinheiro pode não resolver o problema.

Cada um de nós tem 1.440 minutos em um dia. Nós escolhemos como investimos cada um desses minutos. Eu entendo que você tem compromissos no emprego, ou na escola, entre outros, mas, quando realmente faz uma análise, você controla o seu próprio tempo e simplesmente assume esses compromissos.

É incrível como confundimos tempo e dinheiro e muitas vezes desperdiçamos um enquanto valorizamos o outro. Por exemplo, se uma pessoa entrasse em seu escritório durante seu horário mais produtivo do dia e o interrompesse com uma descrição longa e detalhada de algo que realmente não lhe importa, você iria proteger o seu tempo e pedir educadamente para que ela saísse ou voltasse mais tarde? Infelizmente, muitas vezes permitimos que as pessoas nos façam perder o nosso tempo produtivo. Por outro lado, se você tivesse algum dinheiro sobre a mesa e essa pessoa entrasse e pegasse um tanto antes de sair, você provavelmente iria dizer alguma coisa. Embora invariavelmente não pensamos em deixar alguém roubar nosso dinheiro, rotineiramente deixamos as pessoas roubarem nosso tempo. Na realidade, o tempo que a pessoa roubou do seu dia de trabalho obviamente vale muito mais do que o dinheiro que ela levou.

Cada um de nós tem 1.440 minutos preciosos ao longo do dia. Podemos aplicá-los para trabalho, lazer, tempo em família, autoaperfeiçoamento, reflexão, estudo ou relaxamento. Cada um de nós deve decidir como priorizar o próprio tempo. Infelizmente, muitas vezes damos a outras pessoas o controle do nosso bem mais precioso e insubstituível, que são os minutos que temos para investir ao longo de cada dia da nossa vida.

Não há tempo livre. Se alguém desperdiçar o seu tempo no trabalho, você pode dizer a si mesmo: "Vou terminar isso mais tarde", o que invariavelmente move todos os seus projetos durante o dia para um momento posterior. Isso faz com que você trabalhe até tarde ou transfira parte das atividades de hoje para amanhã. Infelizmente, não vemos que essa pessoa que está desperdiçando o nosso tempo de trabalho fez com que nosso tempo de trabalho consumisse o nosso tempo com a família, fazendo com que o nosso tempo com a família consumisse o nosso tempo de desenvolvimento pessoal, e assim por diante. Esse tempo perdido nunca será recuperado.

Certamente jogar conversa fora com colegas de trabalho ou se distrair com um jogo ou mesmo simplesmente permitir que sua mente e seu corpo relaxem podem ser boas utilizações ou investimentos de seus 1.440 minutos por dia. Só não permita que ninguém tome essas decisões.

No decorrer do seu dia de hoje, certifique-se de gastar seu tempo e seu dinheiro com sabedoria.

Hoje é o dia!

BOM *VERSUS* MELHOR

É melhor fazer de forma adequada a coisa certa do que fazer bem a coisa errada. Todos nós, de tempos em tempos, sentimos a tentação de concentrar nossos esforços em coisas que nos são fáceis, chegam rapidamente até nós ou nos trazem a atenção que buscamos. Essa abordagem de curto prazo raramente traz sucesso a longo prazo.

Vivemos em uma sociedade de micro-ondas. Queremos tudo mais fácil, rápido e conveniente. Infelizmente, o sucesso raramente é preparado em um micro-ondas. Ele é mais um processo de panela de barro. Todos nós já ouvimos histórias de algo que virou "sensação da noite para o dia" que, em um exame mais aprofundado, foi o culminar de anos e décadas de esforço.

Se você já assistiu ou praticou esportes da Liga Amadora, prontamente notará um fenômeno. Os melhores rebatedores querem praticar rebatidas, enquanto os melhores defensores querem praticar defesa e os melhores arremessadores querem praticar arremesso. Jogadores amadores, assim como você e eu, querem gastar o tempo fazendo as coisas que fazem de melhor. Infelizmente, muitas vezes nosso desempenho é relegado ao nosso elo mais fraco. Se você quisesse se tornar piloto de avião porque adora o processo de taxiar e decolar, mas não gosta de pousar, teria muito pouco sucesso. Não existe um bom voo que termine em um pouso ruim.

Podemos nos tornar conhecidos pelas coisas que fazemos de melhor. Nós nos tornamos bem-sucedidos por executar tudo com competência. Todos queremos ser especialistas. Infelizmente, em especial quando começamos, precisamos ser generalistas. Poucas pessoas se dão ao luxo de se concentrar apenas em uma tarefa. O sucesso, a riqueza e a felicidade a longo prazo são construídos a partir da consistência. Um esforço de 80% ou 90% pode não dar certo. Se o seu restaurante favorito servisse a sua entrada perfeita todas as vezes, exatamente como você gosta, mas queimasse o pão, esquecesse a salada, derramasse sua bebida e ignorasse seus pedidos, não seria por muito tempo o seu restaurante favorito. Na maioria das áreas da vida, você tem que executar uma infinidade de tarefas adequadamente para ter sucesso.

Se você examinar objetivamente a sua vida pessoal e profissional, notará uma série de facetas. Cada uma dessas facetas é igualmente importante na medida em que o sucesso não é possível sem elas. Se tem sucesso em sua vida financeira, mas arruína sua saúde, você falhou. Se permanece saudável, mas não consegue pagar suas contas e arcar com as necessidades básicas, você falhou. Se tem uma carreira excelente, mas perde sua família, você falhou.

No decorrer do seu dia de hoje, continue a se destacar nas coisas que você faz bem, mas concentre seu esforço e energia nas coisas que você quer fazer melhor.

Hoje é o dia!

ESCONDIDO À PLENA VISTA

Muitas vezes, os grandes desenvolvimentos na vida e nos negócios não vêm de grandes avanços tecnológicos obscuros. Em vez disso, eles vêm de algo que está bem na nossa frente, olhando nos nossos olhos. O mundo inteiro está à procura de uma grande ideia.

A única coisa que você precisa para ter uma ótima ideia é fazer as suas tarefas pessoais e profissionais diárias e esperar que algo ruim aconteça. Então, faça a si mesmo a pergunta mágica: "Como eu poderia ter evitado isso?". A resposta para essa pergunta é uma ótima ideia. A única coisa que você precisa fazer para criar uma grande oportunidade de negócio é, mais uma vez, esperar que algo ruim aconteça e fazer a si mesmo a pergunta mais abrangente: "Como eu poderia ajudar outras pessoas a evitarem esse problema?". A resposta para essa pergunta pode muito bem ser uma ideia de negócio de US$ 1 milhão.

Muitas vezes, quando ouvimos ou lemos sobre um avanço tremendamente lucrativo nos negócios, no marketing ou na indústria, o nosso primeiro pensamento não é indagar "como é que alguém pensou nisso?". O mais comum é que a nossa reação seja: "Por que eu não pensei nisso?". Muitas vezes, a razão pela qual você e eu não pensamos nisso não é porque não tenhamos os mesmos fatos e detalhes. É simplesmente porque não estávamos olhando para a informação à nossa frente de forma criativa, e não estávamos pensando no que poderia ser, em vez de no que é.

Os negócios, e a vida em geral, são um ato de equilíbrio entre se destacar nos sistemas atuais enquanto são criadas novas e melhores maneiras de fazer as coisas e atender às necessidades daqueles que nos rodeiam. Houve um tempo em que construir uma carroça mais bem coberta era uma busca lucrativa e significativa. No entanto, 150 anos depois, continuar ainda tentando construir uma carroça coberta seria motivo de piada. Por outro lado, se você estivesse construindo carroças cobertas na década de 1850, seria igualmente um absurdo gastar todo o seu tempo desenhando e projetando aviões a jato que não poderiam fazer parte de sua realidade de curto prazo ou mesmo de longo prazo.

Torne o hoje importante com o que há diante de você, enquanto torna o amanhã ainda melhor com o que está por vir.

Todos nós conhecemos pessoas que estão tão focadas no futuro que perdem o que há no presente. É igualmente triste pensar em pessoas tão focadas no presente que perdem o futuro.

No decorrer do seu dia de hoje, faça tudo o que estiver ao seu alcance para conciliar os dois desafios de tornar o hoje importante com o que há diante de você, enquanto torna o amanhã ainda melhor com o que está por vir.

Hoje é o dia!

PRIORIDADES E POSSIBILIDADES

Em última análise, a única coisa que você e eu temos para investir em nossa vida pessoal ou profissional é o nosso tempo. Dinheiro e recursos podem ir e vir. Eles também podem ser substituídos. O tempo é a mercadoria insubstituível absoluta com a qual todos lidamos. Todos nós temos as mesmas 24 horas por dia para investir; portanto, as pessoas que têm sucesso na vida em seus próprios termos são aquelas que aprenderam a se tornar grandes investidoras de seu tempo, seu esforço e sua energia.

Como a maioria das coisas na vida, ser um grande investidor de tempo não é uma questão muito clara. Em vez disso, há uma série de variáveis que afetam como você deve utilizar seu bem mais precioso. Eu divido os dois extremos da gestão do tempo em prioridades e possibilidades.

Prioridades são as coisas corriqueiras do dia a dia que devem ser feitas. Essas prioridades incluem pagar contas, responder a correspondência, retornar telefonemas etc. Embora essas coisas talvez não o levem aonde você quer ir, elas são importantes, porque o mantêm onde você está.

Por outro lado, as possibilidades são as buscas criativas, de longo prazo, que consideram o quadro geral e que delineiam nossa grandeza potencial. É fundamental que você invista parte de seus recursos de tempo nessa área. No entanto, se investir muito nessa categoria, será como o capitão do navio que está olhando para o horizonte distante com seu telescópio enquanto a embarcação está prestes a bater em um iceberg diretamente à sua frente. Em contrapartida, se ele só se preocupar em desviar dos icebergs, poderá seguramente vagar em círculos por anos.

A maioria de nós é muito organizada com as prioridades e relega as possibilidades a qualquer momento que possa ter sobrado no final do dia, da semana ou do mês. Recomendo que, apenas para fins de agendamento, você priorize suas possibilidades em sua lista diária de coisas para fazer. Bloqueie períodos para pensar em novas ideias de marketing, estratégias de negócios de longo prazo, planos de viagem ou férias etc. As suas possibilidades merecem mais do que um tempo qualquer que lhe reste, mas, se você não lidar com suas prioridades, pode se ver fora do negócio e sem sorte.

No decorrer do seu dia de hoje, encontre e documente um equilíbrio entre prioridades e possibilidades. Perceba que não adianta você trabalhar hoje a menos que tenha um futuro, mas você não terá futuro a menos que lide com as prioridades hoje.

E, como sempre, ***hoje é o dia!***

UM MUNDO IMPERFEITO

Muitas discussões, palestras e comentários durante séculos começaram com a frase "Em um mundo perfeito". Isso denota que, se o mundo fosse perfeito, faríamos tudo, seríamos tudo, criaríamos tudo e consertaríamos tudo. Por mais maravilhoso que seja pensar nisso, todos nós temos que perceber e conviver com o fato de que este simplesmente não é um mundo perfeito. Trata-se de um ponto de vista não negativo ou pessimista, mas realista.

Estou entre as pessoas mais otimistas, esperançosas e encorajadoras que você irá encontrar em relação ao estado positivo do mundo hoje e a quão melhor acredito que o amanhã será. No entanto, mesmo com a minha perspectiva, tenho que admitir que o mundo está longe de ser perfeito. Isso significa que somos forçados a fazer escolhas.

Todos os dias, somos bombardeados com uma infinidade de oportunidades para investir nosso tempo, esforço, energia e dinheiro. Além disso, somos convidados a doar nossos esforços e recursos para inúmeras causas. As pessoas nos pedem que passemos trinta minutos aqui, uma hora ali e dez minutos todas as manhãs fazendo alguma coisa. Se somássemos todas as sugestões para nosso tempo e dinheiro, ganharíamos bilhões, doaríamos milhões e utilizaríamos centenas de horas todos os dias. Isso simplesmente não é possível, e o peso de todas essas decisões pode nos tornar muito menos eficazes em nossa vida pessoal e profissional.

Aqui estão algumas regras para decidir como investir seu tempo, esforço, energia, recursos e doações:

1. Certifique-se de que isso importa mais para você do que para qualquer outra pessoa. Muitas vezes, estamos nos dedicando à paixão de um vendedor ou um arrecadador de fundos em vez de nossos próprios interesses, necessidades e desejos.
2. Certifique-se de que o curso que você está seguindo é o mais eficiente e efetivo. Todos os seus recursos são limitados, então você tem que usá-los sabiamente para ir de onde você está para onde você quer estar.
3. Aprenda a dizer "não". Essa inocente palavra de três letras está entre você e a paz, a prosperidade e a felicidade. Se você disser "sim" para algumas prioridades pelas quais é apaixonado, vai ter que dizer "não" para todo o resto.

Vivemos em um mundo em que não precisamos nos contentar com o mediano ou até mesmo com o bom. Podemos lidar exclusivamente com coisas, pessoas e situações que são ótimas. Não é um mundo perfeito, então não podemos fazer tudo. Uma vez que percebemos isso, simplesmente precisamos ter certeza de que estamos fazendo as coisas certas.

No decorrer do seu dia de hoje, perceba que, em um mundo perfeito, faríamos tudo. Como o mundo não é perfeito, faremos as coisas perfeitas para o nosso mundo.

Hoje é o dia!

OURO DE COMSTOCK

Recentemente, eu estava lendo um romance histórico sobre a Corrida do Ouro na Califórnia e em Nevada em meados de 1800. Foi fascinante aprender como as pessoas viviam naquela época e naquele lugar. Há uma infinidade de lições a serem aprendidas na observação de qualquer situação.

Os primeiros mineiros encontraram alguns veios promissores de ouro, e teve início a Corrida do Ouro. Vieram pessoas de todo o mundo com nada mais do que suas esperanças e sonhos dourados. À medida que as várias minas se desenvolveram, tornou-se muito mais caro e trabalhoso tirar o minério do solo. Muitos dos que vieram do outro lado do mundo esperando enriquecer só conseguiram um emprego trabalhando na mina de outra pessoa.

Essas minas da Costa Oeste eram únicas porque havia nelas a argila azul, que se infiltrava continuamente em cada um dos túneis e poços. Eles tiveram que contratar muitos trabalhadores para exclusivamente pegar essa argila e retirá-la da mina, criando grandes montanhas desse material residual. Essa remoção de argila tornou o processo de mineração mais perigoso e mais caro.

Eles chamaram especialistas em mineração de todo o mundo para descobrir como impedir que essa argila azul entrasse nas obras da mina. Um grande especialista em minas chegou da Irlanda e, enquanto subia a colina até o poço da mina, notou a enorme pilha de argila azul. Ele comentou desatentamente: "Essa é a maior pilha de minério de prata que eu já vi".

Quando o ouro acabou, Comstock Lode se tornou um dos depósitos de prata mais ricos que o mundo já conheceu. Muitas fortunas foram construídas em poucos anos – não por causa do ouro, mas por causa de um subproduto residual que eles haviam negligenciado.

Muitas vezes, a sabedoria e a genialidade vêm da mera observação de sua situação atual sob outra perspectiva.

A menos que estejamos interessados em minas de prata, isso pode não ter nenhuma aplicação direta em nossa vida; no entanto, pode valer mais do que a prata ou o ouro se entendermos o significado. Devemos nos fazer a pergunta essencial: que oportunidades estamos ignorando simplesmente porque achamos que deveríamos estar trabalhando em outra direção? O sucesso geralmente está em reconhecer e explorar o que é valioso antes de qualquer outra pessoa. Talvez você já tenha a chave de tudo o que deseja em suas mãos. Dê um passo para trás e olhe de uma perspectiva diferente. Não pense apenas no que você vê, mas pense no que as outras pessoas talvez vejam. Muitas vezes, a sabedoria e a genialidade vêm da mera observação de sua situação atual sob outra perspectiva.

No decorrer do seu dia de hoje, olhe além do ouro e até mesmo da prata. Talvez você já tenha mais do que pensa.

Hoje é o dia!

RIQUEZA

Ontem ouvi uma estatística tremendamente importante. A primeira impressão causada por essa estatística foi tão insignificante que quase não a entendi. Então, a verdadeira importância do que eu estava ouvindo me ocorreu. No mês passado, a taxa média nacional de poupança foi de 1% negativo. À primeira vista, 1% não parece ser um grande número, e o fato de tratar apenas da taxa de poupança não parece indicar uma crise imediata; no entanto, há alguns fatores em jogo aqui que precisamos entender.

As taxas de juros ainda estão em uma baixa histórica que a maioria de nós não experimentou na vida. Nossa economia está relativamente saudável e crescendo em um bom ritmo. A taxa de emprego está se aproximando de um nível que consideraríamos pleno. E, no geral, as perspectivas econômicas são muito boas. A última vez que tivemos uma taxa de poupança negativa de 1% em nível nacional foi em 1933. Os nossos historiadores irão se lembrar que esse foi o ponto baixo da Grande Depressão; portanto, isso levanta a questão: "O que vai acontecer se as coisas ficarem realmente ruins?".

Este é provavelmente um bom momento para você e eu revermos os mitos e as realidades da construção de riqueza. O maior mito sobre as pessoas ricas é que elas herdaram o dinheiro ou ganharam na loteria. Na verdade, mais de 90% dos milionários são de primeira geração que ganharam, pouparam e investiram seu próprio dinheiro. As pessoas que ganham na loteria são mais propensas a declarar falência nos dez anos seguintes do que a média das pessoas da classe trabalhadora em nossa sociedade. Portanto, no que diz respeito à construção de riqueza, devemos nos apoiar em um ditado: "No que cabe ao destino, cabe a mim fazer".

Agora que dissipamos os mitos e estabelecemos a responsabilidade pessoal, vamos rever algumas regras para construir nossa riqueza:

1. Gaste menos do que você ganha.
2. Evite emprestar dinheiro.
3. Viva dentro de um orçamento.
4. Economize e invista regularmente.

Essa parece ser uma explicação de ensino fundamental sobre a construção de riqueza. Na realidade, muitos milionários em nossa sociedade só concluíram o ensino fundamental. Se você pretende ganhar um jogo qualquer, primeiro precisa entender as regras. Então siga o exemplo de quem já ganhou. Esteja eu escrevendo livros, falando em uma palestra ou preparando estas colunas semanais, provavelmente meu melhor conselho seja: "Não aceite conselhos de ninguém que não tenha o que você quer". Isso certamente se aplica quando você se esforça para alcançar seus objetivos financeiros.

No decorrer do seu dia de hoje, lembre-se das regras simples de construção de riqueza e aplique-as à sua vida. Elas são, de fato, simples, mas não fáceis. Se fosse fácil, todos seriam ricos.

Hoje é o dia!

GANHANDO NA LOTERIA

Graças aos nossos leitores, estas colunas semanais são incluídas em inúmeros jornais, revistas e publicações online – lidas por pessoas, literalmente, em todo o mundo. Menciono isso aqui porque o tópico de hoje começa com uma referência um tanto local.

Recentemente, meu estado natal, Oklahoma, lançou uma loteria. Os habitantes locais agora têm a oportunidade não apenas de participar da nossa loteria estadual, mas também de comprar um bilhete da loteria nacional. Os anúncios de TV, rádio e jornal nos informam que há, literalmente, milhões em jogo.

Pessoas boas e bem-intencionadas no meu estado natal e em outros lugares continuarão a debater se uma loteria é algo bom ou ruim. Deixo esse debate para eles. No entanto, vou fazer uma pergunta simples para aqueles que compram regularmente vários bilhetes de loteria. As estatísticas nacionais me dão a certeza de que há muitas pessoas que compram centenas de dólares em bilhetes de loteria toda semana. Vamos supor que você só compre US$ 40 em bilhetes de loteria a cada semana ao longo de sua vida profissional. Se eu perguntasse aos compradores de bilhetes de loteria se eles ficariam satisfeitos se comprassem seus bilhetes regularmente por todos esses anos sabendo que em algum momento eles teriam a garantia de ganhar US$ 1 milhão, a resposta seria um sonoro SIM.

Na verdade, as chances de se ganhar US$ 1 milhão na loteria, mesmo comprando todos esses bilhetes ao longo de todos esses anos, é algo menor do que as chances de ser atingido por um raio. Por outro lado, se esses mesmos indivíduos colocassem seus US$ 40 semanais no fundo de renda fixa ao longo de sua vida profissional, eles teriam historicamente a garantia de ter bem mais do que US$ 1 milhão se tivessem feito isso em qualquer período nos últimos cinquenta anos.

Assim que cheguei à conclusão dessas estatísticas surpreendentes, fazendo um contraste entre loteria e um investimento conservador e consistente, compartilhei o que eu havia recém-descoberto com várias pessoas que compram bilhetes de loteria. Você talvez fique ou não tão chocado quanto eu ao saber que eles ainda estão comprando seus bilhetes de loteria e ainda não abriram uma conta para investir em um fundo de renda fixa. Isso confirma algo em que acredito há anos: se você dividisse todo o dinheiro igualmente entre todos nós, em poucos anos o dinheiro estaria de volta às mãos das pessoas que o têm agora. Os ricos ficam mais ricos, e os pobres ficam mais pobres pelo simples fato de que o dinheiro não é uma causa, é um efeito. A riqueza ou a falta dela é um sintoma de outros fatores em nossa vida.

No decorrer do seu dia de hoje, procure oportunidades para evitar longas jogadas e invista seu futuro em algo certo.

Hoje é o dia!

POSSÍVEIS SÓCIOS

Formar uma sociedade pode ser a melhor coisa ou a pior. O meio-termo é bastante limitado quando se trata de criar uma sociedade ou lidar com sócios. As pessoas que experimentaram uma sociedade dirão que é a melhor coisa que já fizeram ou o pior erro que já cometeram.

As pessoas muitas vezes criam sociedades pelos motivos errados. Evite ter sócios se qualquer um dos seguintes pontos se assemelhar ao seu motivo para querer criar uma sociedade:

1. Você acha que seria divertido ou interessante ter um sócio no negócio com você.
2. Você tem medo de que seja solitário ou chato seguir sozinho.
3. Você acredita que seu potencial sócio vai fazer todas as coisas que você não quer fazer.
4. Você acredita que seu sócio vai trazer muitos negócios para o empreendimento.
5. Você tem um amigo talentoso que está desempregado.

Todos esses podem ser elementos importantes ao se considerar uma relação comercial, mas lembre-se sempre de que os indivíduos podem ser fornecedores, clientes, contratados, consultores e participantes de um empreendimento conjunto sem entrar em uma sociedade permanente. As pessoas que se apressam em estabelecer uma sociedade são como um casal que decide se casar no primeiro encontro. Pode parecer uma boa ideia, mas ela raramente se revelará positiva. Até mesmo para se cogitar uma sociedade, os seguintes elementos devem estar presentes:

1. Todos os sócios identificaram claramente os talentos, as qualidades e responsabilidades que estão trazendo para a sociedade.
2. Todos os sócios têm expectativas muito claras de responsabilidades, cargas de trabalho e hierarquia.
3. Existe um acordo de sociedade muito claro e por escrito para todas as contingências possíveis.
4. Há uma estratégia de saída muito clara e compreensível.

As sociedades geralmente são formadas quando os ânimos estão exaltados e os possíveis sócios estão otimistas. Esse é o momento mais fácil para discutir como lidar com possíveis problemas. Por melhor que você se sinta agora, é importante perceber que seu sócio pode discordar de você, pode perder o interesse, pode ficar incapacitado, pode passar por um divórcio ou pode morrer. Cada uma dessas possibilidades e uma miríade de outras devem ser consideradas. Quando você está em um relacionamento com os sócios certos, não há nada melhor. Um mais um pode equivaler a cem ou até mil se você estiver com o sócio certo.

No decorrer do seu dia de hoje, certifique-se de que qualquer parceria que você considere lhe ofereça o melhor dos mundos, não o pior dos mundos.

Hoje é o dia!

PATRIMÔNIO LÍQUIDO *VERSUS* VALOR LÍQUIDO

A maioria das pessoas em nossa sociedade tem objetivos financeiros extremamente vagos ou gerais. Esses objetivos, de alguma forma, envolvem a palavra "mais". Essas pessoas querem mais dinheiro, mais economias, mais renda, mais investimentos, mais aposentadoria e mais coisas. Nós nos tornamos uma sociedade de consumo. Somos bombardeados a todo momento por propagandas, comerciais e inúmeras mensagens nos dizendo que "Você é aquilo que possui". A implicação é que, se você possuísse mais, seria mais.

A maioria das pessoas é, em algum nível, infeliz. As mensagens de consumo nos dizem que as pessoas que têm mais do que nós estão felizes; portanto, simplesmente precisamos obter mais coisas na vida. Como alguém que foi relativamente pobre e agora é relativamente rico na vida, posso mencionar o ditado de que "As outras coisas permanecendo iguais, é melhor ser rico do que ser pobre". Mas é importante notar que nem o dinheiro nem as coisas que o dinheiro compra podem nos fazer felizes. A felicidade é um termostato interno que nós mesmos estabelecemos. Abraham Lincoln, alguém que foi atormentado a vida inteira com depressão clínica, disse: "As pessoas são tão felizes quanto decidem ser".

A maioria das pessoas está correndo mais rápido e se esforçando mais para conseguir mais. Muitas vezes, elas estão realizando um trabalho de que não gostam para pessoas que elas não respeitam para conseguir coisas para impressionar outras pessoas que simplesmente não se importam. Se você questionasse esses indivíduos que lutam para conseguir mais, em algum momento eles diriam que estão fazendo isso por sua família. Vamos examinar seu patrimônio líquido *versus* seu valor líquido em relação à sua família:

1. Pense nos seus ancestrais que mais influenciaram sua vida e a maneira como você vive. Você provavelmente descobrirá que essas pessoas de alto impacto deixaram valores de vida, em vez de dinheiro.
2. Pense nas pessoas do seu passado que o influenciaram durante seus anos de formação. Você provavelmente irá descobrir que elas investiram tempo, amor e ensinamentos em sua vida, e não apenas capital.
3. Pense nos momentos especiais com amigos e familiares que mais significaram para você naquela época e agora. Você provavelmente irá perceber que essas ocasiões podem ter sido eventos de baixo custo ou gratuitos.
4. O que você está deixando para seus herdeiros na forma de tempo, ensinamentos e memórias? Se você está trocando essas coisas pela busca de mais, pode estar gastando a parte mais valiosa da herança deles sem que eles permitam. Eles querem você, não apenas seu dinheiro.

Como a maioria das lições de vida, essa é um ato de equilíbrio. Nós, seres humanos, buscamos respostas preto no branco para perguntas com tons de cinza. Nada irá substituir o dinheiro nas coisas que o dinheiro faz, mas, além disso, nada irá substituir você no coração, na mente e no espírito das pessoas especiais em sua vida.

No decorrer do seu dia de hoje, encontre maneiras de aumentar seu patrimônio líquido e seu valor líquido para aqueles que você ama.

Hoje é o dia!

CADA ARREMESSO CONTA

Assim como muitos americanos, passei o último fim de semana explorando os limites externos de quanto basquete universitário uma pessoa pode realmente aguentar. Com 65 equipes indo para o torneio da liga esportiva universitária e muitos campeonatos da liga de basquete, havia mais basquete universitário do que qualquer um pode imaginar. À medida que ouvíamos os comentários dos vários locutores esportivos, todos nós adotamos os nossos favoritos. Um bom locutor pode realmente fazer o jogo ganhar vida, e um locutor ruim pode realmente acabar com um jogo que de outra forma seria emocionante.

Como muitas vezes acontece em jogos de basquete muito disputados, houve uma série de momentos em que a vitória e a derrota pareciam ser iminentes e só depender do último arremesso. Ouvi vários locutores emocionados: "Tudo depende deste próximo arremesso. O jogo, o campeonato da liga e toda a temporada se resumem a isso". Embora pareça ser verdade quando uma equipe está um ponto atrás com 22 segundos para o fim, realmente não é o caso.

Vários anos atrás, tive o privilégio de aparecer em um programa de televisão com o lendário treinador de basquete da Universidade da Califórnia John Wooden. Naquele comportamento calmo, mas confiante, que tantos de nós passamos a respeitar, lembro-me dele dizendo: "Todas as cestas contam para a mesma quantidade de pontos, quer o arremesso seja feito no primeiro minuto ou no último minuto do jogo". Fiquei impressionado com o profundo impacto da declaração do treinador Wooden. Aquele arremesso de último segundo que sinaliza vitória ou derrota não é mais significativo do que o primeiro arremesso do jogo.

Embora isso seja verdade em um jogo de basquete, é ainda mais verdadeiro em nossa vida pessoal e profissional. Quantas vezes nos vemos correndo para cumprir um prazo faltando apenas algumas horas ou até alguns minutos? Nessa comoção frenética de última hora, sabemos que tudo conta e não podemos perder tempo. Na verdade, na maioria das vezes, se tivéssemos gerido o nosso tempo adequadamente no início de uma tarefa, as últimas horas não seriam críticas, porque já teríamos concluído a tarefa, tido a oportunidade de conferir o nosso trabalho e passado para a próxima oportunidade que temos diante de nós.

A vida nos apresentará situações de crise suficientes sem que possamos fabricá-las mais, administrando mal o nosso tempo e os nossos recursos. Seja na vida ou em um jogo de basquete, devemos nos esforçar para já ter vencido a disputa muito antes de ela se resumir a um arremesso frenético de último segundo.

Hoje é o dia!

ESPERTO *VERSUS* INTELIGENTE

Em nossa sociedade, temos vendido uma falsa premissa por gerações. Segundo essa premissa, quanto mais sabemos, mais ganhamos, mais somos bem-sucedidos e mais felizes nos tornamos. Isso simplesmente não é verdade.

Já foi dito: "Não importa o quão esperto você é, mas de que forma você é esperto". O mundo está cheio de pessoas que podem vencer um torneio de perguntas aleatórias, mas que simplesmente não sabem como aplicar qualquer conhecimento de uma forma que lhes traga os resultados que buscam. Como uma pessoa que pode ler um livro todos os dias graças a audiolivros reproduzidos em alta velocidade, eu seria o primeiro a dizer que a educação e o aprendizado são vitais, mas só são vitais quando podem ser aplicados a situações do mundo real.

Tenho um grande amigo que é cirurgião. Ele tem uma renda altíssima exercendo sua profissão. Lembro-me dele descrevendo uma operação para mim. Ele disse: "Você simplesmente faz um corte e remove o tecido danificado". Eu disse a ele que tinha ficado chocado com o fato de ele ganhar milhares de dólares por uma simples incisão. Ele respondeu: "Para fazer o corte, eu cobro cerca de US$ 10. Por saber onde fazer o corte, fiquei milionário".

Nos negócios e na vida, muitas vezes é mais importante entender a pergunta do que ter imediatamente a resposta. Agora que vivemos em um mundo de acesso à internet de alta velocidade, o conhecimento está ao nosso alcance. Mas saber onde obter o conhecimento e a melhor forma de aplicá-lo, em um problema ou uma oportunidade do mundo real, representa o mesmo desafio enfrentado por pessoas que viveram há milhares de anos.

Na minha carreira, fiz uma série de testes para obter licenças profissionais. A maioria desses testes foi na área financeira. Infelizmente, para se tornar corretor, planejador financeiro ou especialista em investimentos, você tem que passar meses aprendendo a dominar cálculos complexos. É triste que, uma vez que você tenha passado no seu teste, esse conhecimento nunca mais seja usado, porque esses complexos cálculos financeiros e muitos outros são rotineiramente feitos instantaneamente ao toque de uma tecla de computador.

Alguém poderia demonstrar uma inteligência incrível e uma memória admirável se pudesse decorar e recitar uma lista telefônica. Por mais incrível que isso seja, acabaria sendo pouco mais do que uma habilidade, já que todas as informações na lista telefônica estão prontamente disponíveis para qualquer pessoa via computador, telefone ou simplesmente olhando em catálogo telefônico.

Quando conhecer pessoas que são bem-sucedidas ou alcançaram as coisas na vida que você quer alcançar, crie o hábito de perguntar a elas quais conhecimentos elas mais aplicam que lhes traz sucesso. A resposta pode surpreendê-lo. Antes de perder muito tempo aprendendo as respostas para perguntas que ninguém está fazendo, identifique quais são as soluções e respostas do mundo real que as pessoas estão procurando. A mercadoria mais valiosa do planeta é o conhecimento, mas somente se for o conhecimento certo.

No decorrer do seu dia de hoje, busque as informações e a sabedoria que o levem ao conhecimento correto.

Hoje é o dia!

DIA DO TRABALHO, 1955

Na semana passada, houve dois dias distintos que foram celebrados. Essas celebrações não estavam conectadas, exceto na maneira como se juntaram em minha mente. O Dia do Trabalho foi comemorado como ocorre a cada ano. É bem possível que ele seja o menos celebrado entre todos os feriados nacionais, exceto por aqueles ativamente envolvidos no movimento operário. Infelizmente, a maioria das pessoas encara o Dia do Trabalho como um último feriado de três dias para encerrar o verão.

O segundo dia comemorado na semana passada celebrava o fato de que meu pai trabalhou cinquenta anos para a mesma organização, onde está até hoje. À medida que tenho compartilhado esse marco recentemente com alguns amigos e colegas, todos parecem ter uma reação semelhante. Eles têm certeza de que eu errei a ocasião ou eles de alguma forma entenderam mal. Na verdade, em agosto de 1955, depois de servir na Marinha, meu pai foi trabalhar no departamento de correspondência de uma organização, e ele ainda está empregado nessa organização até hoje. O seu serviço o levou muito além da sala de correspondência, já que hoje ele é presidente e CEO de uma instalação administrada pela organização onde ele começou há meio século.

A maioria das pessoas acredita que esse tipo de longevidade e dedicação dentro do emprego se extinguiu com os dinossauros, se é que de fato ela já existiu. O meu pai representa uma geração de pessoas que olhavam para o trabalho de forma diferente. Enquanto as pessoas estão preocupadas com remuneração, benefícios, entre outras coisas, a geração do meu pai também olhava para o que tinha a oferecer e contribuir para a organização e a sociedade como um todo.

O meu pai olha para o trabalho como um chamado, e ele acredita que, se você tratar o seu empregador da forma como você quer que o seu empregador o trate, a situação se torna a suprema "algema de ouro" ou o "paraquedas dourado". Algema de ouro e paraquedas dourado são termos usados hoje na remuneração de executivos. São incentivos para manter pessoas de alto nível ou para facilitar a saída delas.

Se você olhar para o trabalho como a geração do meu pai, o empregador não precisa criar nenhum artifício para mantê-lo, e você não busca uma saída fácil. Em vez disso, os empregadores valorizam e honram a contribuição feita pelos associados de longa data, e esses associados não deixam o seu empregador, assim como não deixam sua família. Na verdade, a relação é mais parecida com a de uma família para o empregador e o empregado do que como um emprego. Nesses relacionamentos, as perguntas sobre o que você faz, quão bem você faz isso e a quem você serve são muito mais importantes do que o padrão "O que eu ganho com isso?". Se você fizer o serviço corretamente, tem muito a ganhar com ele.

No decorrer do seu dia de hoje, procure maneiras de agregar valor em seu local de trabalho e você será recompensado muito além de sua remuneração padrão.

Hoje é o dia!

NÃO APOSTE EM DÍVIDAS

Temos sido bombardeados com imagens publicitárias e mensagens a ponto de quase não percebermos. O final do século 20 e agora o início do século 21 nos trouxeram anúncios de consumo sem precedentes e nos transformaram em discípulos do consumismo desenfreado. A razão pela qual as empresas anunciam não é porque gostam de gastar bilhões de dólares. Em vez disso, elas anunciam porque sabem que isso funciona.

Muitas pessoas ficariam chocadas ao saber que o item número um que é vendido para nós por todas essas imagens de anúncios e comerciais não são carros, refrigerantes, roupas, cervejas ou viagens. A principal coisa que você e eu enfrentamos por meio da publicidade é a dívida. O endividamento se tornou um item de consumo de alta demanda. Ele controla o orçamento de muitas pessoas e a vida de muita gente.

Um empréstimo pode ser usado como uma ferramenta eficaz, mas isso seria raro em comparação com a utilização do endividamento do consumidor que experimentamos no século 21. Há alguns momentos em que a dívida pode ser considerada e um grande número de momentos para evitá-la.

A principal coisa que você e eu enfrentamos por meio da publicidade é a dívida. O endividamento se tornou um item de consumo de alta demanda.

Você deve considerar fazer uma dívida quando:

1. Isso for ajudá-lo a comprar uma casa, outros imóveis ou um imóvel que esteja valorizando.
2. Isso o ajuda a alocar, de forma responsável, as despesas irregulares – por exemplo, fazer suas compras de fim de ano em dezembro, mas pagá-las ao longo do ano.
3. Isso for um amortecedor realista para emergências reais. Os empréstimos podem ajudá-lo se você perder um emprego, tiver um problema de saúde ou outras crises da vida.

O endividamento deve ser evitado nas seguintes situações:

1. Quando você está descobrindo um santo para cobrir outro. É o caso do pagamento de um cartão de crédito ou da conta de água ou de luz feito com outro cartão de crédito ou linha de crédito.
2. Se você estiver comprando coisas que não quer, com um dinheiro que você não tem, para impressionar pessoas que não se importam.
3. Se você comprometer mais da metade da sua renda anual no financiamento de um veículo. É tolice pagar juros para estender pagamentos de bens que estão desvalorizando.

4. Se você estiver vivendo além de suas possibilidades, embora não tenha feito planos para a aposentadoria, a educação universitária e as emergências inevitáveis.

Como qualquer outra ferramenta, o crédito pode ter um lugar limitado. No entanto, em nossa sociedade, isso se tornou extremamente comum. Um martelo é uma ferramenta útil; todavia, para o proprietário comum, ele só pode ser usado algumas vezes por ano. Se você segurar um martelo na mão o dia todo, todos os dias, no final tudo começará a parecer um prego. A mesma coisa acontece quando você tem seu cartão de crédito à mão pronto para ser usado a qualquer momento.

No decorrer do seu dia de hoje, use o crédito nas raras ocasiões em que ele for útil, e evite os apelos publicitários para contrair dívidas.

Hoje é o dia!

4

SUCESSO EM AÇÃO

"O seu objetivo, seu sonho, seu senso de destino pessoal, é o seu bebê. Ninguém vai cuidar dele, resgatá-lo ou se dedicar a ele como você. Não espere isso dos outros. Espere de si mesmo esse tipo de cuidado e trabalho duro." – Jim Stovall

O sucesso é de vital importância, mas praticamente impossível de definir. O sucesso não é uma direção, uma velocidade ou uma quantidade. Ele é, em vez disso, a realização dos nossos desejos mais profundos e do nosso maior potencial.

O sucesso individual assemelha-se a um floco de neve. Coletivamente, podemos identificar um acúmulo de neve, mas cada floco é único e uma obra-prima individual.

Todos nós nos esforçamos por uma definição de sucesso, mas devemos ter cuidado para que o sucesso que buscamos se assemelhe à nossa própria definição. O nosso mundo está repleto de pessoas e de inúmeras mensagens da mídia implorando para definir o sucesso para nós. Você e eu devemos assumir nossa própria busca pelo sucesso como uma proposta pessoal que só nós podemos definir e só nós podemos criar.

LEITURAS OBRIGATÓRIAS PARA OBTER O SUCESSO

Muitas vezes ouvi, da parte de um dos grandes líderes no campo do desenvolvimento pessoal, meu amigo Charlie "Tremendo" Jones, que daqui a cinco anos você será a mesma pessoa que é hoje, com exceção das pessoas que conhece e dos livros que lê. Acho que, lendo livros, temos a capacidade de conhecer as maiores mentes da história. Eles estão simplesmente esperando para nos dar os segredos de uma vida de sucesso que transcende as décadas e séculos.

Quando comecei a minha busca pessoal pelo sucesso, um dos meus mentores me deu uma lista de leituras obrigatórias. Ele disse: "Ninguém pode se considerar um bom leitor a menos que tenha terminado a leitura de todos os dez livros". Desde então, minha lista cresceu e mudou, mas hoje quero lhe dar minha lista dos dez livros que acredito que você precisa ler para se considerar um bom leitor nas áreas de desenvolvimento pessoal e de sucesso.

1. *Quem pensa enriquece,* por Napoleon Hill
2. *A magia de pensar grande*, por David J. Schwartz
3. *O poder do pensamento positivo*, pelo Dr. Norman Vincent Peale
4. *Wake Up and Live,* por Dorothea Brande
5. *The Psychology of Winning*, pelo Dr. Denis Waitley
6. *Como vender qualquer coisa a qualquer um*, por Joe Girard

7. *Os 7 hábitos das pessoas altamente eficazes*, pelo Dr. Stephen Covey
8. *Tough Times Never Last, but Tough People do,* pelo Dr. Robert Schuller
9. *Passos de gigante,* de Tony Robbins
10. *Lead the Field,* por Earl Nightingale

Você pode concordar ou discordar das minhas escolhas, e isso realmente não importa. O que importa é saber se você já leu sua própria lista de livros mais importantes, em sua área de atuação, para os seus objetivos de vida.

As pessoas que estudam a história do beisebol estão muito ocupadas debatendo quem deve ser selecionado para integrar o "time do século". Embora alguns dos especialistas discordem, todos podemos entender que a lista estará em constante mudança. Daqui a alguns anos, algum jovem jogador vai surgir e será considerado um dos maiores de todos os tempos. Da mesma forma, a sua lista dos dez melhores livros irá mudar e crescer pelo resto de sua vida. E se você continuar sua busca pelos dez livros definitivos, continuará a mudar e a crescer também.

Hoje é o dia!

A SÍNDROME DO MACACO-ARANHA

Apesar dos relatos midiáticos contrários, vivemos no melhor momento, no melhor lugar, na melhor situação econômica que o mundo já conheceu. Surgirão mais milionários neste ano do que em qualquer ano na história registrada. Diante de toda essa prosperidade, sucesso e oportunidade, por que tantas pessoas não conseguem atingir seus objetivos? Elas simplesmente são vítimas do que eu chamo de síndrome do macaco-aranha.

Os macacos-aranha são muito pequenos, costumam ter entre 42 e 66 centímetros de comprimento, e se parecem muito com os humanos. Eles vivem nas árvores mais altas da selva mais densa da bacia amazônica. Durante anos, as pessoas tentaram capturar macacos-aranha, mas não tiveram sucesso, até que um dos nativos demonstrou o método adequado.

Para capturar um macaco-aranha, basta colocar um amendoim dentro de uma pequena garrafa de vidro, que você deixa na base de uma árvore. Enquanto você está ausente, o macaco-aranha desce da árvore, coloca a mão dentro da garrafa e pega o amendoim, fazendo com que seu punho fique grande demais para sair da garrafa. Você terá capturado um macaco-aranha. Você pode voltar e colocar um saco inteiro de amendoim bem ao lado dele. Ele não irá largar o amendoim que está segurando, ainda que não possa comê-lo e, na verdade, nem queria a princípio. Você pode tirar a liberdade dele, você pode até tirar a vida dele, mas ele não vai largar o amendoim.

Depois de uma pesquisa exaustiva sobre o tema dos macacos-aranha, cheguei à conclusão inevitável de que esses primatas não são muito inteligentes. Mas antes de pensar mal a respeito dos macacos-aranha, devemos nos perguntar: o que estamos segurando na vida que na verdade não queremos nem precisamos, e que está nos impedindo de atingir o sucesso total e o nosso objetivo final?

Fracasso e sucesso não podem ocupar o mesmo espaço. É preciso renunciar a um para começar a aproveitar o outro. O seu destino o aguarda.

Hoje é o dia!

PRESUMA QUE VOCÊ TEM O QUE PRECISA

Aqueles que compartilham minha paixão pelos livros de *Sherlock Holmes* de Sir Arthur Conan Doyle percebem que o grande detetive sempre prevalece, porque ele presume que haja informações suficientes para resolver o mistério.

Muitos de nós somos culpados por presumir que não temos todas as peças necessárias para alcançar nossos objetivos. Frequentemente ouvimos queixas como "se eu apenas tivesse a educação ou o tempo ou os contatos ou o dinheiro etc.". Por favor, entenda que às vezes existem barreiras legítimas entre nós e o nosso sucesso, mas muitas vezes há desafios convenientes que se disfarçam como desculpas úteis para permanecermos na rotina em que nos encontramos.

Conta-se a história do professor de matemática que estava aplicando a prova final aos seus doutorandos. Além dos oito problemas minuciosos que deu aos doutorandos como teste final, ele lhes lançou um desafio inesperado. O professor decidiu dar a eles um problema de crédito extra que era, na realidade, um dos problemas que Albert Einstein nunca havia sido capaz de resolver, e presumia-se que talvez esse problema em particular não pudesse ser resolvido e não o seria.

Para a surpresa do professor do doutorado, três de seus vinte alunos não apenas resolveram todos os oito problemas do teste, mas também resolveram com precisão o problema do crédito extra. Quando entrevistou os três alunos que haviam resolvido o "problema insolúvel" de Albert Einstein, ele perguntou que raciocínio eles haviam aplicado à questão que os maiores matemáticos do mundo não haviam conseguido solucionar.

Finalmente, após um longo silêncio, um dos alunos respondeu: "Conseguimos resolver o problema porque presumimos que ele era solucionável. Todos os demais tinham a desculpa intrínseca de que esse problema nunca poderia ser resolvido".

À medida que você enfrenta as barreiras inevitáveis no caminho para alcançar todos os seus objetivos, é imperativo que faça distinção entre problemas legítimos que devem ser resolvidos ou superados e as desculpas intrínsecas que todos damos a nós mesmos e àqueles que nos rodeiam. Hoje, resolva seguir em direção ao seu destino presumindo que tudo de que você precisa você já tem ou espera que seja fornecido para você no momento que mais precisar.

Hoje é o dia!

O HABITUAL CAMINHO PARA O SUCESSO

Como halterofilista olímpico, ex-campeão nacional, autor e palestrante de sucesso, e como cofundador e presidente da Narrative Television Network, ganhadora de um Emmy, muitas vezes me perguntam: "Qual é a chave para o sucesso?".

As pessoas parecem estar particularmente interessadas no meu sucesso porque sou uma pessoa cega. O segredo do meu sucesso é muito simples. Siga o caminho de indivíduos que já provaram ser bem-sucedidos.

Ao entrevistar dezenas das pessoas mais bem-sucedidas de todas as esferas da vida para o meu livro *Success Secrets of Super Achievers* (Segredos de sucesso dos superempreendedores), descobri que todas elas têm muitas coisas em comum. Cada uma dessas pessoas bem-sucedidas vive de acordo com princípios poderosos, e esses princípios dominam suas atitudes e atividades diárias. Infelizmente, em nossa sociedade de hoje, a maioria das mensagens que recebemos são negativas, então você tem que lutar muito para manter mensagens poderosas e positivas como seu pensamento dominante.

Por essa razão, trabalhei com Kelly Morrison por vários anos, porque descobrimos que combinar as mensagens poderosas e positivas dela na música com minhas mensagens em meus livros e palestras reforça cada declaração poderosa. Coloquei seis dessas declarações poderosas que guiam a minha vida num belo postal que gostaria de dar a você. Esse cartão-postal também tem o meu número de telefone para que, sempre que você estiver se debatendo com o próprio sucesso, possa me ligar.

Quero que saiba que, de hoje em diante, você tem uma pessoa que acredita em você, no seu sucesso e no seu destino. Dê um passo positivo em direção ao seu próprio sucesso pessoal agora mesmo.

Hoje é o dia!

DIAS LONGOS E ANOS CURTOS

Quando já passava dos 90 anos, meu avô compartilhou comigo uma lição sobre ter senso de urgência sobre a vida. Ele observou que, quando somos jovens, um dia pode passar em um piscar de olhos, mas um ano parece não ter fim. Todos nós conseguimos nos lembrar de brincar ao ar livre em um dia maravilhoso de verão e depois observar que, como num passe de mágica, de alguma forma o dia inteiro se esvaiu. Mas, ao mesmo tempo, quando somos jovens, o ano pode parecer uma eternidade. O próximo aniversário, o Natal ou o último dia de aula está insuportavelmente distante.

Por outro lado, o meu avô me disse que, à medida que envelhecemos, um dia pode se arrastar enquanto os anos se passam antes que possamos perceber. Em nossa juventude, o tempo é considerado uma mercadoria sem fim. No entanto, à medida que passamos a celebrar aniversários que terminam com zero, começamos a observar nossa localização ao longo da estrada da vida.

Há vários anos, participo de um grupo de prestação de contas com vários amigos que respeito profundamente. A cada dois finais de semana, temos uma teleconferência para discutir compromissos que assumimos e questões que são importantes em nossa vida.

Um membro do nosso grupo recebeu um alerta de sua filha de 12 anos. Como parte de um exercício em família ao redor da mesa do café da manhã, eles compilaram uma lista de destinos de férias que gostariam de desfrutar em família. No final das contas, sobraram seis sugestões de viagens de férias. Então, meu amigo percebeu que, para incluir sua filha mais velha, eles precisariam fazer uma das viagens a cada verão, começando imediatamente. Instantaneamente, ele percebeu que não havia tempo a perder, e aqueles anos preciosos que antes pareciam inesgotáveis foram descobertos como incrivelmente poucos.

Pense em todas as coisas que você quer fazer em sua vida. Examine até onde você chegou e o quanto ainda tem a fazer. Acho que você vai perceber que nenhum de nós pode se dar ao luxo de desperdiçar um ano, um mês ou mesmo um dia.

E, como sempre, ***hoje é o dia!***

O SUCESSO É O SEU BEBÊ

Havia duas tribos em guerra nos Andes, uma que vivia nas terras baixas, e outra, no alto das montanhas. O povo da montanha invadiu as planícies um dia, e, como parte de sua pilhagem, eles sequestraram um bebê e o levaram com eles de volta para as montanhas.

Embora o povo da planície não soubesse como escalar a montanha, eles enviaram seu melhor grupo de guerreiros para resgatar o bebê. Primeiro tentaram um método de escalada e depois outro. Tentaram uma trilha e depois outra. Depois de escalar apenas algumas centenas de metros após vários dias de esforço, o povo das planícies decidiu que a causa estava perdida, e eles se preparavam para descer de volta à sua aldeia.

Enquanto arrumavam o equipamento para a descida, viram a mãe do bebê – com o bebê amarrado às costas – descendo a montanha que não conseguiram escalar. Um homem a cumprimentou e disse: "Como você escalou esta montanha traiçoeira quando nós, os homens mais fortes e capazes da aldeia, não conseguimos escalar?".

Ela encolheu os ombros e disse: "O bebê não era de vocês".

O seu objetivo, o seu sonho, o seu senso de destino pessoal é o seu bebê. Ninguém vai cuidar dele, resgatá-lo ou se dedicar a ele da mesma forma que você. Não espere isso dos outros. Espere de si mesmo esse tipo de cuidado e trabalho duro. E presuma que você irá precisar se dedicar a seu sonho com esse tipo de foco total.

Hoje é o dia!

VOCÊ ESTÁ AQUI

Como uma pessoa cega, estou sempre intrigado com a maneira como as pessoas que enxergam conseguem ou não ir do ponto A ao ponto B. É fascinante para mim que as pessoas que conseguem ver perfeitamente passem grande parte do seu tempo perdidas.

Recentemente, fiz uma das minhas raras idas a um shopping center. Como de costume, estava ouvindo todas as conversas que aconteciam ao meu redor. Descobri que a maioria das pessoas gasta muito esforço durante sua experiência de compra tentando descobrir onde estão em relação a onde gostariam de estar.

Descobri que, em todo o shopping, há uma série de mapas mostrando a localização das várias lojas e restaurantes do prédio. Esses mapas são idênticos em todos os locais da instalação, com uma exceção muito crítica. Em cada localização do mapa, há uma única informação que é a grande seta apontando para um ponto no mapa com a explicação que diz: "Você está aqui".

Isso aponta um elo vital na cadeia de realização pessoal. De forma bem simples, a informação mais importante necessária para chegar aonde você está indo é saber onde você está. Há milhões de pessoas que querem ter determinado saldo bancário, ter determinado peso corporal ou alcançar qualquer outro objetivo empresarial ou pessoal. Essas pessoas fantasiam onde querem estar, mas não deram o passo prático de determinar onde estão.

Um sonho se transforma em um objetivo quando você se torna específico. Um antigo provérbio chinês diz: "Uma viagem de mil milhas começa com um único passo". Isso só é verdade se você der o primeiro passo na direção certa. Isso só é possível quando você sabe onde está.

Pense em todas as coisas que você quer em sua vida pessoal e profissional. Então leve em conta onde você está hoje. Talvez você descubra que está mais perto do que pensa. Mas, de qualquer forma, terá dado o primeiro passo na direção certa, e terá reduzido um sonho etéreo a um objetivo prático que pode começar agora.

Hoje é o dia!

APENAS DIGA SIM

Nos últimos dez anos, tive o privilégio de conversar com milhares de alunos do ensino fundamental e médio. A mídia nos diria que o estado de nossa juventude é alarmante. Embora eu seja o primeiro a concordar que temos alguns desafios únicos pela frente, esta geração de jovens é muito impressionante.

Quando os visito, tento me concentrar nas questões críticas que eles estão enfrentando, incluindo drogas, álcool, relacionamentos destrutivos e pressão negativa dos colegas. Há uma mensagem que tem sido martelada na cabeça desses jovens: "Apenas diga não". Essa mensagem foi trazida à tona pela ex-primeira-dama Nancy Reagan.

Embora a Sra. Reagan estivesse cheia de boas intenções e provavelmente tenha trazido uma luz positiva para o problema, devemos perceber que "apenas diga não" não é o suficiente. Não acredito que haja uma criança nos Estados Unidos que desconheça o fato de que não deve usar drogas, consumir álcool etc. A realidade é que não demos a elas uma razão convincente o suficiente para "apenas dizer não".

Como seres humanos, é impossível termos um vazio emocional, espiritual ou intelectual. Maus hábitos, ideias ou conceitos ruins só podem ser substituídos por bons hábitos. Entrar numa escola do gueto e dizer a um grupo de jovens "diga não" é ineficaz. Todavia, quando consegue de alguma forma modificar os sonhos, os objetivos e as ambições deles para que consigam ficar longe do que eu chamo de "Os

Assassinos de Sonhos", então você tem um motivo para que eles vivam um estilo de vida positivo.

A mesma coisa se aplica a você e a mim. Quando olhamos para nossos próprios objetivos pessoais ou as coisas que queremos alcançar nesta vida, o sucesso geralmente se resume a substituir maus hábitos por bons hábitos. Apenas dizer "não" ao mau hábito não fará isso por você, mas, se conseguir fixar firmemente em sua mente o fato de que o sucesso depende da substituição desse mau hábito por um bom hábito, você descobrirá que tudo é possível.

Diga "sim" ao seu sonho, e os maus hábitos naturalmente irão desaparecer. Se isso funciona para estudantes em toda a América, pode funcionar para você e para mim.

Desejo ansiosamente o seu sucesso.

Hoje é o dia!

LIÇÕES DO TOPO DO MUNDO

Recentemente, tenho lido bastante sobre expedições ao monte Everest. Estou intrigado com o fato de que tantas pessoas ao longo dos anos foram levadas a escalar a montanha mais alta do planeta e ficar no topo do mundo.

Enquanto estudava as expedições, fiquei impressionado com a quantidade de tempo, preparação e energia para chegar à montanha com todo o equipamento necessário para fazer a escalada e montar cada um dos acampamentos-base ao longo da rota. Uma expedição fica literalmente anos na fase de planejamento e meses na fase de preparação antes que se possa fazer uma tentativa de escalada até o cume. Então, se o tempo estiver bom, as condições estiverem adequadas e não houver acidentes graves, um punhado de membros da expedição terá a chance de chegar ao topo. Das dezenas de alpinistas que iniciam a jornada, apenas alguns terão a oportunidade no último dia de estar no topo do mundo.

Em muitas expedições, não por culpa deles, todos os alpinistas voltam para casa sem sequer vislumbrar o cume. Mas, na melhor das hipóteses, as pessoas planejam por anos e trabalham por meses para ficar por alguns momentos no topo.

A nossa vida e o nosso sucesso são muito parecidos. Não importa qual seja a sua meta ou o seu objetivo, você irá gastar muito mais tempo em sua busca do que desfrutando do seu sucesso. Por isso, devemos aproveitar a viagem.

Se examinarmos a maneira como vivemos, investimos nossos dias buscando marcos ao longo do caminho até o nosso ápice pessoal. Os marcos que alcançamos não fazem parte do nosso dia a dia. Eles são simplesmente pontos ao longo do caminho onde medimos o nosso progresso. A nossa vida é vivida na jornada e na subida em direção ao topo. Em última análise, é triste ver indivíduos buscando um objetivo que eles acham que querem enquanto estão suportando a tortura pessoal da busca.

Se você não desfrutar da viagem, não há destino que valha o esforço. Se aproveitar cada passo ao longo do caminho, vai descobrir que o seu momento no topo do mundo é um momento de reflexão sobre a experiência maravilhosa que teve até chegar lá.

Invista seus dias na busca de um cume que valha a pena, mas aproveite cada dia da subida.

Hoje é o dia!

MANTENDO O CURSO

Chega um momento na vida em que você fica extremamente frustrado com seu progresso em direção ao seu objetivo. Há dias em que você parece estar dando passos incríveis, e nada pode detê-lo. Então, há aqueles dias em que seus melhores esforços parecem não levar a lugar nenhum. Esse é o momento de "manter o curso".

Os agricultores sabem o que é plantar uma semente e não ver progresso por várias semanas. Então, de repente, um broto rompe o solo e a esperança se renova. Os marinheiros sabem o que é olhar para o horizonte distante por dias a fio sem um avanço aparente. Então, sem aviso, a terra é avistada, e o destino se aproxima.

Cada um de nós tem esse mesmo dilema para enfrentar diariamente; no entanto, ao contrário do agricultor, que sabe que a safra vai crescer, porque cresceu no ano anterior, e do marinheiro, que sabe que sua viagem está no fim, porque já foi assim antes, você e eu não temos marcos tangíveis.

Às vezes, os únicos pontos que temos são nosso ponto de partida e nosso destino. Não recebemos um relatório pelo correio dizendo "Você agora está no meio do caminho em direção ao seu objetivo". O que há de maravilhoso em relação a nossos objetivos de vida é que, embora o progresso pareça estar atrasado ou ser inexistente, os seus esforços estão produzindo, nos bastidores, coisas que lhe permitirão um salto quântico em direção ao seu destino.

Lembre-se de todos os momentos em sua vida em que as coisas não estavam se encaixando, mas você continuou tentando. Então, do nada, você encontra a pessoa que faltava, descobre o elemento ausente ou encontra o atalho que estava procurando. Esses momentos mágicos só acontecem quando você "mantém o curso".

Você está mais perto do que pensa do sucesso. Assim como o agricultor que plantou a semente ou o marinheiro que iniciou a viagem, você só chegará ao seu destino se seguir em frente. Mesmo que haja dias em que seu objetivo pareça estar a um milhão de quilômetros de distância. Para o agricultor, o marinheiro, ou eu e você, cada dia da viagem é fundamental. Todos eles se somam ao seu sucesso.

Lembre-se, o que você faz hoje o deixará um dia mais perto de onde você quer estar – seja você capaz de reconhecer isso neste momento ou não. Manter a fé hoje é o preço que pagamos, e, como sempre, ***hoje é o dia!***

A ESTRADA PARA O SUCESSO

Muitas pessoas em nossa sociedade estão trabalhando sob a impressão de que não podem ir de onde estão para onde querem estar. De alguma forma, elas se convenceram de que o caminho em que estão não conduz aos seus objetivos e sonhos.

Para todo aquele que transforma uma desvantagem em desculpa, há alguém que a transforma em um trampolim para a grandeza.

Quero lhe assegurar que a rua em frente à sua casa vai levá-lo a qualquer lugar a que você deseja ir. Você pode não se sentir assim agora, mas seus sentimentos não mudam a realidade. Você pode sentir que está em uma estrada mais áspera, mais íngreme e difícil do que muitas pessoas. Você pode sentir que nasceu com a cor errada, bem como o gênero, a herança nacional ou a religião. Por outro lado, pode sentir que, devido a uma deficiência ou a um contexto desfavorecido, está no caminho errado. Se olhar com bastante atenção, você pode encontrar alguém que estava no mesmo caminho difícil que você estava e que já atingiu o próprio destino na vida. Não estou dizendo que é fácil. Estou simplesmente dizendo que é possível.

Para todo aquele que transforma uma desvantagem em desculpa, há alguém que a transforma em um trampolim para a grandeza. A mesma tenacidade que o ajudará a compensar essa desvantagem o tornará mentalmente mais resistente do que as pessoas que não enfrentaram adversidades.

Talvez você não aprecie ou até não goste de sua situação atual. Não estou dizendo que você deveria. Há muitas pessoas boas que se encontram em circunstâncias muito ruins. Quero que você perceba que, embora não tenhamos escolha sobre o que acontece conosco, sempre podemos escolher o que fazer a esse respeito. Todos os dias tomamos a decisão de reclamar da estrada em que estamos ou de pegar a estrada que temos até que ela se cruze com outra estrada e depois se funda com a rodovia que leva a tudo o que queremos desta vida.

Conforte-se em saber que, uma vez que você entrar na rodovia, será capaz de aproveitá-la, apreciá-la e maximizar as experiências por causa das lutas e do tempo que gastou nas estradas acidentadas e íngremes. Hoje, quando você sair da sua garagem, perceba que aquela rua vai levá-lo para onde quiser ir.

Hoje é o dia!

VIVENDO OS SEUS SONHOS

Esta é a única vida que todos nós recebemos. Ela não é um amistoso. Ela é tudo embrulhado em um só pacote: o Campeonato Mundial, as Olimpíadas e o Super Bowl. Se você não sente esse tipo de poder e paixão sobre sua vida, precisa encontrar algo novo para fazer ou encontrar uma nova atitude.

Há muita conversa sobre viver seus sonhos. Isso é uma parte muito importante do sucesso. As pessoas passam mais tempo planejando seu fim de semana de três dias do que planejando como vão viver a própria vida. Pouquíssimas pessoas dedicam tempo para realmente se questionar e planejar para onde gostariam de ir. Você já deve ter ouvido dizer que as pessoas não planejam falhar, elas simplesmente falham em planejar.

Esta é a única vida que todos nós recebemos. Ela não é um amistoso. Ela é tudo embrulhado em um só pacote: o Campeonato Mundial, as Olimpíadas e o Super Bowl.

Portanto, enquanto você está evitando a armadilha de não planejar sua vida e viver os seus sonhos, é importante também evitar a armadilha de passar a vida sonhando, inerte. Há muitas pessoas que se envolvem na busca de planejamento e de sonhos e nunca colocam nada em prática. Todos nós conhecemos aqueles indivíduos que sempre fazem alguma coisa, mas parece que nada acontece. Eles aprenderam que os sonhos não custam nada até começarmos a agir sobre eles, então eles simplesmente seguem a vida em algum jogo de fantasia mítica futurista.

Nunca há um momento conveniente para iniciar na estrada para o sucesso e começar a viver os seus sonhos. Sempre haverá uma boa desculpa. Lembre-se das palavras do general George Patton: "Um bom plano executado abruptamente hoje é melhor do que um plano perfeito na próxima semana". Todos devemos encontrar o delicado equilíbrio entre perder muito tempo sonhando com o amanhã e perder muito tempo nas realidades de hoje.

Se você tem um sonho ou um objetivo, ele foi colocado dentro de você por um motivo. A cada dia, você deve estar progredindo em direção ao seu objetivo. Talvez você não saiba como ir daqui para lá, mas cada dia lhe dá a oportunidade de aprender mais, fazer contatos e de se preparar para o seu sucesso. Cada dia o deixará um dia mais perto ou um dia mais longe de viver os seus sonhos.

Hoje é o dia!

PRIORIZE E ELIMINE

Como resultado de meus livros, de minhas palestras e destas colunas, ouço muitas pessoas dizendo que estão tentando tomar conta da própria vida.

Tenho observado que existe um enorme abismo entre o planejamento a longo prazo e a atividade a curto prazo. Muitas pessoas têm ido a seminários e lido livros que as ensinaram a definir seus objetivos de vida. Eu seria o primeiro a dizer que essa é uma busca extremamente valiosa; no entanto, se sua atividade de curto prazo ou imediata não corresponder aos seus objetivos de longo prazo, você tem um grande problema.

Muitas vezes, os nossos objetivos de longo prazo estão compartimentados em nossa mente dentro de outra área com a qual não lidamos diariamente. É como a nossa lista de cartões de Natal: nós a pegamos uma vez por ano, fazemos as alterações necessárias, enviamos os nossos cartões e, mentalmente, bem como fisicamente, guardamos a lista por mais um ano.

Em um mundo perfeito, talvez haja alguém capaz de acompanhá-lo ao longo de suas atividades diárias e, simplesmente observando as tarefas que você executa, determinar quais são suas prioridades de vida. É verdade que todos nós temos que passear com o cachorro e trocar o óleo, mas, em algum momento do dia, você deve se dedicar a seus objetivos de vida.

Recentemente, recebi um telefonema de um senhor que esteve em uma das minhas palestras, quase três anos atrás. Ele me contou que, depois da minha apresentação, ganhou um livro, e, enquanto eu o estava autografando, ele me disse que queria se mudar do Canadá para a Califórnia e dedicar a vida à pesquisa acadêmica. Lembrei-me daquela breve conversa que tivemos, três anos antes, nos fundos de um estádio.

Infelizmente, três anos se passaram e ele não está mais perto de seu objetivo do que estava antes. Isso é muito perigoso, porque reforça o fato de que seus objetivos de vida estão em algum lugar no futuro e de que não é preciso lidar com eles hoje.

Se você tem um objetivo de vida ou aquilo que considera ser o seu destino, deveria tomar alguma atitude sobre isso todos os dias. Há sempre algo para aprender, alguém para conhecer ou alguma providência que você pode tomar para esse fim. Dedique-se a fazer de cada dia um investimento no seu futuro.

Hoje é o dia!

PARA ONDE FORAM TODOS OS HERÓIS?

Recentemente, perdemos Joe DiMaggio, um ser humano verdadeiramente incrível. Enquanto eu ouvia as reportagens e retrospectivas sobre a vida dele, ele era descrito como lendário, um ótimo americano, um indivíduo elegante, um homem de honra e integridade, mas raramente o termo jogador de beisebol era usado nas introduções dessas histórias.

Joe DiMaggio foi uma boa pessoa que por acaso era um jogador de beisebol extraordinário. A sua carreira no beisebol lhe deu uma plataforma mundial para que todos tomássemos consciência de sua grandeza. No entanto, ele é conhecido e será lembrado por várias gerações que nunca o viram jogar beisebol.

A sua lenda transcende o jogo.

Em uma pesquisa recente, pessoas que eram adolescentes durante as décadas de 1950, 60, 70, 80 e 90 foram convidadas a listar seus heróis. Aqueles que eram adolescentes nos anos 1950 compilaram uma longa e impressionante lista. Aqueles que representaram a década de 1960 tinham uma lista mais curta, mas ainda significativa. Aqueles que eram adolescentes na década de 1970 foram capazes de listar poucas pessoas que se tornaram heroínas para eles. O que é preocupante é que as pessoas que eram adolescentes nos anos 1980 e 1990 não conseguiram identificar praticamente nenhum herói.

Pode haver uma série de fatores socioeconômicos e midiáticos que explicam esse declínio no número de heróis, mas a conclusão é a seguinte: heróis não são pessoas extraordinárias. São pessoas comuns que se comportam de maneira extraordinária.

Aqueles que experimentaram o impacto do filme *O resgate do soldado Ryan* irão concordar que aqueles que desembarcaram no Dia D para libertar a França realizaram feitos extraordinários. É interessante perceber que esses feitos extraordinários foram realizados por jovens comuns que se orgulhavam de ser americanos e encontraram algo pelo qual valia a pena lutar e se sacrificar.

Heróis são tanto os atletas e as estrelas do rock-and-roll quanto o carteiro que faz o esforço extra para acertar da primeira vez ou a professora que percebe que o futuro de nossa próxima geração está em suas mãos enquanto ela executa o que parece ser sua tarefa rotineira e diária. Espero que a vida de Joe DiMaggio sirva de exemplo para todos nós encontrarmos a grandeza nas pequenas coisas que fazemos o dia todo, todos os dias.

Durante uma das homenagens a Joe DiMaggio, houve um vídeo de uma entrevista com o companheiro de equipe de Joe, Yogi Berra. Yogi há muito é conhecido por seus deslizes verbais absurdos e gafes engraçadas. Desta vez, Yogi acertou quando disse: "Nunca vi Joe cometer um erro dentro ou fora de campo. O que quer que ele estivesse fazendo, e fosse o que fosse, você sempre sabia que Joe DiMaggio havia feito o seu melhor". Que o mesmo seja dito de todos nós.

Hoje é o dia!

FAZENDO BEM UMA ÚNICA COISA

A nossa sociedade recompensa muito bem as pessoas que só conseguem fazer uma coisa, mas que conseguem fazê-la bem. Não é imperativo que o que elas fazem bem seja de grande significado. Os noticiários estão cheios de relatos da fama, do sucesso e da notoriedade de Mark McGuire e Tiger Woods. Em uma perspectiva global, jogar golfe ou beisebol não é muito importante. O que importa, nesse caso, é o quão bem eles o fazem.

Como autor e entrevistador, tive o privilégio de conversar com alguns dos melhores indivíduos do mundo do esporte, da política, do cinema e da televisão. Muitas dessas pessoas não têm absolutamente nenhuma habilidade ou talento além daquele pelo qual são conhecidas. Você talvez fique chocado ao saber que algumas das pessoas mais bem-sucedidas de nossa sociedade são incapazes de fazer a contabilidade de um talão de cheques, ir ao supermercado ou dirigir um carro. Elas são tão boas nas coisas que fazem que as atividades do dia a dia que ocupam a nossa vida simplesmente não importam para elas.

O McDonalds é o ponto de venda de alimentos mais popular e bem-sucedido do mundo. Você pode entrar no McDonalds hoje e comprar café da manhã, almoço, jantar, saladas, alimentos saudáveis, *fast-food* e muitos outros itens. Mas, quando teve início, o McDonalds passou muitos anos servindo apenas um tipo de hambúrguer, batatas fritas e refrigerantes. Eles aperfeiçoaram seu sistema antes de incrementá-lo. Acho que a maioria das pessoas concordaria que o sucesso da rede provavelmente se deve ao seu sistema de entrega e sua maneira de comercializar mais do que a comida em si. O ponto que podemos aprender com isso é que a vida nos recompensará quando pudermos fazer uma coisa muito bem e, em seguida, construir sobre esse sucesso para edificar outros sucessos no futuro.

Todos nós já ouvimos falar do famoso "pau para toda obra". São pessoas que conseguem fazer muitas coisas razoavelmente bem, mas não se destacam em nada. Embora esse tipo de pessoa seja muito útil de se ter por perto, ela nunca será conhecida como uma superestrela em qualquer área, porque lhe faltam o foco e a excelência em uma área específica.

Trabalhe para ser conhecido por uma coisa e por fazê-la muitíssimo bem. Construa o seu sucesso a partir daí.

Hoje é o dia!

PAIXÃO É A CHAVE

Um dos benefícios de ser presidente da Narrative Television Network é que tenho o privilégio de entrevistar muitas celebridades. Essas celebridades representam aqueles que estão no topo de seu ramo no esporte, na política, na televisão e no cinema. Essas pessoas podem nos ensinar muitas lições.

Minha primeira entrevista foi com a lendária atriz de cinema Katharine Hepburn. Depois que superei o fato de estar inicialmente intimidado por conversar com ela, comecei a entender mais sobre ela e por que era tão bem-sucedida.

Uma das perguntas que gosto de fazer a todas as celebridades é: "Se você não tivesse seguido a carreira com a qual conquistou a fama, o que acha que teria feito com sua vida?". A senhorita Hepburn respondeu imediatamente: "Nunca passou pela minha cabeça não ser atriz. Tenho sorte que eles me pagam – e me pagam bem – para me dedicar à minha paixão. Se não o fizessem, eu teria que encontrar outra maneira de sustentar meu hábito".

Se você não está onde quer estar ao longo da estrada para o sucesso, talvez deva examinar não apenas o quanto está trabalhando, mas no que você está trabalhando.

Essa declaração nos dá uma visão aguçada do sucesso de Katharine Hepburn; no entanto, o mais importante, no que pode tornar-se o nosso próprio sucesso. É óbvio que, para chegarmos ao topo em qualquer campo, vamos ter de trabalhar muito e arduamente. Mas é interessante perceber que um longo e árduo trabalho não parece trabalho se você estiver se dedicando à sua paixão.

George Burns, outra estrela lendária, disse certa vez: "Se você gostar do seu trabalho, nunca irá trabalhar um dia sequer em sua vida".

Se você não está onde quer estar ao longo da estrada para o sucesso, talvez deva examinar não apenas o quanto está trabalhando, mas no que você está trabalhando. Se não sentir esse tipo de paixão de Katharine Hepburn ou George Burns, talvez seja hora de buscar uma nova direção.

Tenho ouvido muitos palestrantes motivacionais dizerem com certa tensão na voz: "Você tem que pagar o preço pelo sucesso". Não acredito necessariamente nisso. Acredito que, quando você se dedicar à sua paixão, irá desfrutar do preço do sucesso. Se não se dedicar à sua paixão, irá pagar o preço pelo fracasso. Em última análise, aquilo a que você se dedica é mais importante do que a forma como você se dedica.

Hoje é o dia!

O CARTÃO MÁGICO

Ainda na semana passada, enquanto ouvia um noticiário na rádio, ouvi a estatística mais perturbadora que se possa imaginar. A estatística me chocou tanto que ouvi o mesmo noticiário meia hora depois para ter certeza de que tinha escutado direito. O locutor de rádio proclamou: "Menos de 5% dos americanos têm um cartão de biblioteca e menos de 1% usa seu cartão com qualquer grau de frequência".

Como uma pessoa cega, eu me lembro de quando era capaz de ler um livro com meus olhos como você está lendo este livro agora. Tenho vergonha de dizer que, naquela época da vida, eu não dava o devido valor à leitura, e não sei se alguma vez li um livro inteiro de capa a capa. Hoje, com livros em áudio e um aparelho de reprodução, leio um livro todos os dias. Isso literalmente mudou minha vida.

Ouvi um sábio dizer uma vez: "Você será a mesma pessoa daqui a cinco anos, exceto pelas pessoas que conhece e pelos livros que lê". Na época, senti que isso era na verdade um exagero. Agora, acredito que, na melhor das hipóteses, as palavras dele foram subestimadas.

O conhecimento é a chave para qualquer coisa que você queira nesta vida. Já ouvi dizer que, se você pegar todo o dinheiro do mundo e dividi-lo igualmente entre todas as pessoas, em poucos anos, o dinheiro estará de volta onde está hoje. Em termos financeiros, os ricos ficariam mais ricos, e os pobres ficariam mais pobres. É importante perceber, no entanto, que o dinheiro não é a chave. O conhecimento é a chave. E assim como esse conhecimento permite que o dinheiro se acumule em torno de pessoas que alcançaram certo entendimento sobre ele, o conhecimento permitirá que você atraia o que quiser em sua vida.

Praticamente tudo o que você quer saber está disponível a poucos quilômetros de onde você mora, na biblioteca pública. Simplesmente não há desculpa para aquelas pessoas que passam pela vida ignorando o conhecimento que seria necessário para que elas atingissem seus objetivos. Você já ouviu alguém dizer "Não se trata do que você sabe, mas de quem você conhece". Na realidade, são as duas coisas. O sucesso se resume tanto ao que você sabe quanto a quem você conhece.

Algumas das maiores mentes da história registrada estão esperando para se comunicar com você e contar seus segredos de como conseguir o que quiser desta vida. As palavras, os pensamentos e os conselhos deles estão localizados entre as capas de livros da biblioteca pública. Assuma o compromisso de crescer um pouco a cada dia.

Como sempre dizia um dos grandes entusiastas da palavra escrita: "Quanto mais livros você lê, mais você cresce".

Hoje é o dia!

ALÉM DA BUSCA PELO NORMAL

Em nossa sociedade, afirmamos lutar pela excelência e honrar realizações excepcionais. Muitas vezes, a realidade é que recompensamos a média. Desde pequenos, somos ensinados a "nos encaixar" e "não estragar as coisas". Toda a pressão que sentimos para usar as roupas certas, ter o corte de cabelo certo, entre outras coisas, nos ensina a ser normais ou medianos em vez de excepcionais.

Se você estudar a excelência historicamente, descobrirá que indivíduos como Thomas Edison, Benjamin Franklin e Thomas Jefferson eram todos excêntricos. De forma alguma eles poderiam ser considerados normais.

Convivemos com a incongruência do fato de que queremos resultados extraordinários, mas exigimos um comportamento normal no dia a dia. Sigmund Freud nos disse que a definição de loucura é continuar fazendo a mesma coisa enquanto se espera um resultado diferente. Muitos de nós diríamos que nos esforçamos para alcançar o melhor e que temos metas elevadas muito acima da norma. Muito mais importantes para o nosso resultado são os nossos padrões diários de desempenho.

Poderemos olhar para trás e ver uma vida excepcional de realizações quando formos capazes de encher cada minuto, de cada hora, de cada dia com excelência. Uma vida excepcional é o resultado de uma longa e consistente série de dias extraordinários. Passamos muito do nosso tempo nos preocupando com o que os outros pensam de nós. Na realidade, a única opinião que importa é a que você tem de si mesmo.

Tenho certeza de que Edison, Franklin e Jefferson eram constantemente ridicularizados e zombados pelas pessoas ao seu redor. Estou igualmente certo de que isso pouco importava para eles; se é que, de fato, percebiam que não eram "normais".

Nunca busque uma opinião ou aceite críticas de alguém que não tem o que você quer. Procure o conselho de mentores e colegas que são realizadores. Procure os conselhos deles, aceite suas críticas e utilize de seu desempenho como uma régua para o seu próprio desempenho. Torne-se responsável perante alguém cujo desempenho passado mereça o seu respeito. Esforce-se para ter dias extraordinários, embora você viva em um mundo normal. Não é preciso muito para se destacar entre a multidão.

Hoje é o dia!

O PARADOXO DO SÉCULO 21

Vivemos em uma época repleta de incoerências. Nem todo avanço deveria ser considerado um progresso.

À medida que entramos no século 21, estamos mais apressados e temos menos tempo do que nunca. Estamos bem alimentados e malnutridos. Somos bem instruídos sem o benefício do bom senso. Temos mais riqueza e menos valores do que as gerações anteriores à nossa. Temos mais informações ao nosso alcance, mas parecemos estar em um constante estado de confusão. Estamos correndo mais rápido e ficando mais para trás. Temos milhões de opções e pouquíssimas boas escolhas. Temos muitos conhecidos e, praticamente, nenhum amigo. Temos milhares de leis e cada vez menos ordem. Temos acesso instantâneo e nenhuma comunicação verdadeira.

Enquanto o mundo está ficando menor, as lacunas entre nós estão se expandindo. Ampliamos a quantidade de vida, mas não a qualidade de vida. Quando tudo se torna descartável, nada permanece eterno. Aprendemos os fatos da história sem aprender suas lições. Aprendemos os segredos da ciência sem aprender a responsabilidade que a acompanha.

Temos mais riqueza e menos valores do que as gerações anteriores à nossa.

Aprendemos o mecanismo de prosperar sem aprender a viver uma vida rica. Aprendemos a parecer atraentes por fora sem aprender a arte da beleza interior. A liberdade de expressão se tornou uma desculpa para expandir nossos limites para incluir tudo, não importa o quanto isso possa diminuir nossa humanidade. Expandimos nosso vocabulário, mas temos muito pouco a dizer. Temos mestrados sem ser mestres de nossos estudos. O nosso passatempo nacional tornou-se construir celebridades em uma proporção heroica e depois derrubá-las. Os nossos gritos por diversidade, tolerância e inclusão muitas vezes não podem ser ouvidos além das distâncias que mantemos uns dos outros. Celebramos a juventude enquanto exigimos que todos tenham experiência.

Às portas de um novo milênio, podemos ver, ao longe, um novo e melhor amanhã. Lembremo-nos sempre de que a visão que temos do futuro só é possível porque estamos sobre os ombros dos gigantes que nos antecederam. A vida e as palavras deles nos ensinam lições. Se aprendermos essas lições, o futuro será mais brilhante do que nunca. Se não aprendermos essas lições, seremos forçados a repetir as lutas do passado.

A chave para o sucesso no novo milênio é combinar tecnologia de ponta com princípios que perduram desde o início dos tempos.

Hoje é o dia!

EXPERIMENTE A VIDA

Quantas vezes você ouviu alguém, talvez a si mesmo, dizendo "Eu sempre quis fazer isso", depois de outra pessoa ter compartilhado sobre uma viagem ou uma experiência que acabou de desfrutar? Pense em todas as coisas que você sempre teve a intenção de fazer. Talvez seja visitar um velho amigo ou colega de classe. Talvez seja uma viagem exótica, ou talvez seja tão simples quanto ir a um museu ou a um show em sua cidade natal.

Há uma apresentação teatral com jantar na minha cidade natal que faz o mesmo espetáculo há décadas. Sempre que alguém menciona essa produção em particular, ouço uma de duas respostas – ou "Eu estive lá" ou "Eu sempre quis fazer isso".

Parece que não temos problemas em planejar nossa vida profissional. O nosso trabalho geralmente é regido por um calendário ou um cronograma que garante que façamos tudo o que pretendemos fazer. Temos um plano para ganhar a vida. A pergunta que precisamos responder é: "Temos um plano para viver a nossa vida?". A razão pela qual planejamos nosso trabalho é porque sabemos que uma tarefa não agendada raramente, ou nunca, é concluída. O mesmo acontece em nossa vida pessoal. Se você não programar as suas férias, as suas atividades recreativas e os seus momentos culturais ou de autoaperfeiçoamento, eles simplesmente irão deslizar para o ano seguinte e para o outro ano, e assim por diante.

Pense em todas as coisas que você pretende fazer há cinco ou dez anos, ou talvez até mais. O próprio pensamento dessas coisas nos sinaliza inconscientemente que não estamos conseguindo tudo o que queremos desta vida. Eu encorajo você a levar a maneira como você vive a sua vida pelo menos tão a sério quanto a maneira como você ganha a vida. Comece uma lista de todas as coisas que você sempre quis fazer. Essa lista será, muito provavelmente, muito longa e nunca estará completa. Você sempre irá adicionar coisas à sua "lista da vida".

Agende um horário semanal ou pelo menos mensal para revisar sua lista e se comprometa a adicionar um ou mais itens da lista ao calendário diário. Você vai se surpreender como a qualidade de sua vida irá melhorar e como o tempo para aproveitar as coisas que são importantes para você vai, de alguma forma, se materializar.

Hoje é o dia!

LISTA DE COMPRAS DA VIDA

Na sociedade acelerada de hoje, todos nós muitas vezes nos encontramos diante do dilema de ter mais tarefas para completar do que horas no dia. As pessoas têm adotado todos os tipos de ferramentas para ajudá-las a fazer o máximo possível. Há agendas sofisticadas, listas de tarefas, folhas de prioridades, planejadores informatizados e Palm Pilots, apenas para mencionar alguns. Embora tudo isso possa ser útil à sua própria maneira enquanto atravessamos a luta diária entre problemas e prioridades, há uma questão muito mais importante a ser abordada: você tem um sistema de prioridades para sua vida?

Infelizmente, quando não temos prioridades firmemente estabelecidas, somos controlados por pessoas que têm.

Não pensaríamos em ir ao supermercado sem uma lista de compras, para não voltarmos para casa sem algum item essencial; no entanto, poucos de nós têm uma lista de compras para a vida. Sabemos todas as coisas que queremos fazer hoje ou até mesmo esta semana, mas não tiramos tempo para pensar em prioridades reais de longo prazo.

Você pode completar todas as tarefas da sua lista todos os dias, mas, se não tiver prioridades para sua vida, não irá conseguir de fato fazer a diferença no mundo. Ter prioridades ao longo da vida irá permitir que você assuma o controle de sua agenda diária, porque você será capaz de julgar cada atividade à luz de como isso afetará suas prioridades gerais. Infelizmente, quando não temos prioridades firmemente estabelecidas, somos controlados por pessoas que têm. As pessoas vão chamá-lo repetidamente ao longo do dia para várias tarefas, missões, contribuições etc. Embora talvez seja algo pertinente, esses indivíduos estão na verdade criando as prioridades na vida de outra pessoa. Até que você tenha suas próprias prioridades firmemente estabelecidas, você será vítima de todos os tipos de desvios ao longo do caminho.

Eu enfaticamente recomendo que, se você não tem a lista de compras da sua vida preparada, coloque em seu calendário diário um horário específico para avaliar todas as possibilidades que estão diante de você. A vida oferece seleções ilimitadas de menus. Não há respostas certas ou erradas. O único erro é não fazer uma seleção. Se você não sabe para onde está indo, como saberá quando chegar lá? As pessoas que não fazem uma escolha não são melhores do que aquelas que não têm escolha.

Se você não sabe para onde está indo, como saberá quando chegar lá? As pessoas que não fazem uma escolha não são melhores do que aquelas que não têm escolha.

Toda a nossa vida será ocupada, e todos nós acabaremos em algum lugar. Por que não dedicar uma parte de suas atividades diárias para alcançar seu próprio destino?

Hoje é o dia!

AULAS DE PESCA

Recentemente, tive a oportunidade de passar uma tarde pescando com o meu pai. Isso é algo que eu recomendo muito. Ele e eu passamos muito tempo pescando quando eu estava crescendo, mas agora parece que saímos uma ou duas vezes por ano. Acho que a pesca é irrelevante. A chave é o passeio em si e o tempo que passamos juntos, bem como as lições que aprendo.

Pescar é simplesmente uma desculpa para desfrutar de uma tarde ao ar livre com alguém que você ama e respeita. A pesca, de alguma forma, torna isso legítimo. Se você fosse tirar uma tarde de folga do trabalho, para ficar na beira do lago e conversar, seria considerado preguiçoso ou improdutivo. Mas se segurar uma vara de pesca durante o processo, de alguma forma, isso torna tudo legítimo.

Durante essa última viagem, não pude deixar de notar que meu pai e eu estávamos usando o mesmo equipamento e parados no mesmo lugar, mas ele sempre pegava mais peixes do que eu. Tentei não levar isso para o lado pessoal e tentei perceber o que ele estava fazendo diferente de mim. Finalmente, ocorreu-me que ele estava lançando sua linha muito mais vezes do que eu. Na verdade, ele não estava capturando mais peixes por lance, ele estava simplesmente dando aos peixes mais oportunidades de serem capturados.

Isso é muito parecido com o nosso sucesso na vida. Os mais bem-sucedidos entre nós podem não ter uma porcentagem maior de sucesso, eles simplesmente se dão mais oportunidades de ter sucesso. Como uma pessoa totalmente cega, estou convencido de que poderia acertar uma bola de beisebol lançada pelo melhor arremessador da liga principal se você me permitisse rebater quantas vezes eu quisesse.

Quando você olhar para a sua própria carreira, vida ou sucesso, pergunte-se: qual é o único elemento que mais irá me ajudar a sair de onde estou e ir para onde quero estar? Em seguida, execute esse elemento crítico o máximo possível. Existem muitos seminários de vendas em todo o país projetados para ajudar quem trabalha com vendas e marketing a melhorar sua taxa de fechamento de negócios. Embora esses seminários possam ser benéficos, eu diria que a maneira mais fácil de melhorar seria simplesmente fazer mais chamadas de vendas.

Deixe que as porcentagens cuidem de si mesmas. Controle as coisas que você pode controlar.

Se conseguirmos eliminar o tempo que passamos nos preocupando com coisas que não podemos controlar, e investir esse tempo focando as coisas que podemos controlar, estaremos quilômetros à frente. Concentre-se nas coisas importantes do seu dia e aproveite todas as oportunidades que puder para pescar.

Hoje é o dia!

INPUT E OUTPUT

Todos nós estamos entrando na era da tecnologia. Algumas pessoas estão abraçando a tecnologia ansiosamente, enquanto outras estão vindo arrastadas, chutando e gritando, para este admirável mundo novo. No entanto, para o bem ou para o mal, os computadores, a internet e a tecnologia ainda em desenvolvimento irão desempenhar um papel fundamental em como todos nós viveremos o resto da vida.

Acho fascinante que, mesmo com todos os desenvolvimentos milagrosos, princípios antigos ainda governem a tecnologia do século 21. Um dos principais princípios da era do computador é que as informações que você extrai nunca podem ser melhores ou mais precisas do que as informações que você insere.

Vivemos em um mundo dominado pela mentalidade da "solução rápida". Acreditamos no fato de que o sucesso e a felicidade são instantâneos. Basta tomar uma pílula ou ganhar na loteria etc. Todas essas mensagens nos afetam consciente e subconscientemente. A nossa visão de mundo está se tornando distorcida pelo nosso input.

Estou no ramo da televisão. As pessoas em nossa indústria têm ideias estranhas sobre as mensagens que elas enviam. Por um lado, elas dizem que a violência e outros materiais explícitos que elas mostram realmente não têm impacto nas pessoas, porque todos entendem que não é real. Por outro lado, oferecem trinta segundos de tempo comercial durante o Super Bowl por US$ 2 milhões, porque vão convencê-lo de que você venderá salgadinhos de milho ou pneus de neve suficientes em apenas trinta segundos, para compensar o custo do anúncio. As duas coisas não podem ser verdade ao mesmo tempo.

Assim como o computador, a sua mente está sujeita ao que entra nela. Ao contrário do computador, você pode controlar o seu próprio input.

Não se deixe enganar pela mentalidade de "solução rápida" da mídia. Sucesso e felicidade não são simplesmente uma questão de beber a bebida certa ou usar a fragrância apropriada. Sucesso e felicidade, em vez disso, são uma questão de decidir o que você quer dar e receber desta vida – e então controlar as mensagens que você insere em sua mente para alcançar seu destino.

O computador mais avançado pode ter potência e velocidade incríveis, mas ainda está sujeito ao fato de que você colhe o que planta. Controle o seu input, e o seu output irá cuidar de si mesmo.

Hoje é o dia!

A DÁDIVA DA APRENDIZAGEM

O meu livro mais popular, *A dádiva mais preciosa,* foi lançado internacionalmente. Cada vez que escrevo um livro ou mesmo uma destas colunas semanais, fico impressionado com a ironia da situação. Como uma pessoa cega, percebo que esta coluna que você está lendo foi escrita por alguém que não é capaz de lê-la – ou pelo menos não da maneira que você faz.

A sabedoria das eras; a resposta a quaisquer perguntas; a capacidade de estar informado, entretido e educado; tudo isso está tão perto quanto sua livraria ou biblioteca mais próxima.

Quando eu era capaz de ler com os meus olhos – assim como você está fazendo neste momento –, não sei se alguma vez li um livro de capa a capa. Isso não é algo de que especialmente me orgulho; no entanto, é a verdade. Eu ainda não tinha entendido a dádiva da aprendizagem. Agora, como uma pessoa totalmente cega, leio um livro todos os dias, graças à Biblioteca Nacional para Cegos, que fornece audiolivros e um aparelho para reproduzi-los. Tendo lido 365 livros por ano nos últimos doze anos, experimentei uma infinidade de mudanças na minha vida e no meu mundo.

A sabedoria das eras; a resposta a quaisquer perguntas; a capacidade de estar informado, entretido e educado; tudo isso está tão perto quanto sua livraria ou biblioteca mais próxima. Os maiores homens e mulheres de todos os tempos estão disponíveis por meio de livros para compartilhar com você os maiores segredos deles.

Inicie uma lista de todos os livros que você deseja ler. Continue atualizando a lista constantemente. Quando alguém lhe contar sobre algo que leu ou você ouvir sobre um novo livro na mídia, anote-o. A sua lista de leitura ao longo da vida se tornará uma companheira constante. Você sempre irá adicionar novos títulos e irá marcar aqueles que você completou.

Quando comecei a ler de forma consistente, passei a crescer em todos os sentidos. Antes de me tornar leitor, a ideia de escrever vários livros ou mesmo escrever esta coluna semanal parecia absurda. Você nunca saberá a força escondida dentro de você ou os tesouros escondidos dentro dos livros até que faça um esforço para se tornar leitor.

No início, como qualquer novo hábito, parecerá estranho e difícil. Depois de várias semanas ou meses, você estará bastante ansioso para voltar à sua leitura todos os dias. Espero que goste do meu livro *A dádiva mais preciosa* e de sua adaptação para o cinema, o filme *O presente* (2006), e muitos outros títulos ao longo do resto da sua vida. Cada dia é uma oportunidade para crescer e aprender.

Hoje é o dia!

APENAS DIGA NÃO

Muitos de nós nos apressamos ao longo da vida em um ritmo frenético e, no final do dia, lamentamos o fato de não termos feito o suficiente. Na verdade, não é o fato de não fazermos o suficiente, mas de tentarmos fazer demais.

Há uma grande diferença entre estar ocupado o dia todo e de fato realizar tarefas importantes. Para determinar se uma tarefa é importante, é preciso saber o que se está tentando realizar. Embora isso pareça simplista demais, trata-se da armadilha do fracasso que pega mais pessoas do que qualquer outra coisa no dia a dia. Quando não temos certeza para onde vamos, qualquer movimento parece produtivo. Há uma enorme diferença entre atividade e produtividade.

Todas as manhãs, você deve olhar para sua lista de "afazeres" e se perguntar: "Qual destas coisas está realmente me aproximando do meu objetivo?". E ao olhar para cada um dos itens da sua lista, também é bom perguntar a si mesmo – enquanto analisa cada atividade –, "O que acontece se eu não fizer isso?".

Muitas vezes, o ato de estar ocupado simplesmente toma o nosso tempo, o nosso esforço e a nossa energia e tira o nosso foco de onde realmente deveríamos estar concentrados. Executar com excelência a tarefa errada pode, de fato, ser pior do que não fazer nada, porque cria hábitos e padrões que são muito difíceis de quebrar.

A chave para o sucesso é aprender a dizer "sim" para as coisas certas. Isso se torna fácil quando você aprende a dizer "não" para as coisas erradas. As coisas erradas não são necessariamente más. Elas simplesmente não o estão conduzindo ao seu destino pessoal. A coisa ou atividade errada para você pode muito bem ser a coisa certa para outra pessoa, porque o destino dela está em uma área totalmente diferente.

O gato de Cheshire em *Alice no País das Maravilhas* nos deixa uma mensagem fabulosa: "Se você não sabe para onde está indo, realmente não importa qual caminho você toma".

Examine seus objetivos pessoais e profissionais à luz de como você gasta seu tempo. Um completo estranho poderia determinar seus objetivos simplesmente observando suas atividades diárias? Certifique-se de que cada dia seja um investimento no seu futuro e não simplesmente mais uma experiência de corrida de ratos na mesma velha roda.

Hoje é o dia!

FRANGO OU CARNE?

Como halterofilista olímpico ex-campeão nacional, um dos meus bens mais valiosos é a minha medalha de ouro. É uma lembrança muito especial para mim, que está à mostra no meu escritório. Recentemente, eu estava viajando em um avião, e conheci um senhor singular sentado ao meu lado. Se algum dia eles adicionarem um evento olímpico chamado de Maratona do Mal Comportamento, esse senhor também terá uma medalha de ouro.

Pouco depois de eu me apresentar, ele me disse que não gostava da companhia aérea em que estávamos voando, dos assentos, dos corredores ou de nossa comissária de bordo. Ele passou a me informar que não gostava da cidade em que estávamos, do aeroporto de onde decolamos ou do nosso destino. Acho que ele também não gostou de mim, mas não chegamos tão longe na conversa.

Há algumas pessoas que tomam as decisões certas, e há algumas pessoas que tomam as decisões erradas, mas a grande maioria das pessoas realmente nunca toma decisão nenhuma. Elas simplesmente reclamam dos resultados.

Depois que decolamos, nossa comissária de bordo nos disse que poderíamos escolher frango ou carne bovina para o nosso jantar. Eu disse a ela que iria comer frango, e meu "companheiro olímpico de assento" disse a ela que para ele tanto fazia. Ela lhe informou que ele era um passageiro de primeira classe naquela companhia aérea e que o trabalho dela era deixá-lo satisfeito, e que eles tinham frango e carne à vontade; por essa razão, ela teria o prazer de trazer-lhe o que ele preferisse. Ele informou a ela mais uma vez: "Realmente não importa, apenas me traga algo".

Alguns instantes depois, ela voltou com meu frango para o jantar, e deu a ele o jantar de carne. Nos 41 minutos seguintes daquele voo (eu realmente cronometrei no meu relógio Braille), ele me disse tudo o que você pode imaginar, e algumas coisas que você não poderia imaginar, do que estava errado com sua carne, e por que ele gostaria de ter comido frango no jantar. Percebi que é assim que a maioria das pessoas vive. Há algumas pessoas que tomam as decisões certas, e há algumas pessoas que tomam as decisões erradas, mas a grande maioria das pessoas realmente nunca toma decisão nenhuma. Elas simplesmente reclamam dos resultados. São pessoas que passam mais tempo planejando seu fim de semana de três dias do que planejando o restante da própria vida.

Esta vida que estamos vivendo agora não é um amistoso. É o Super Bowl, o Campeonato Mundial e as Olimpíadas, tudo embrulhado em um só pacote. Se você não se sente assim sobre sua vida e o que você faz, precisa fazer algo diferente ou ter uma nova atitude sobre as coisas que faz agora. O seu destino aguarda.

Hoje é o dia!

FAÇA AGORA

Ao buscarmos o sucesso em nossa vida pessoal e profissional, é fundamental que possamos identificar e entender nosso inimigo. O fracasso não é inimigo do sucesso. A procrastinação é inimiga do sucesso. Mais pessoas ficam aquém de seu objetivo não porque faltaram seus melhores esforços, mas porque nunca começaram.

O meu bom amigo e colega Dr. Robert Schuller costuma dizer: "Começar já é meio caminho andado". Durante anos, pensei que isso fosse falso, porque eu achava que começar era apenas o começo, e não chegava nem perto da metade. Os anos e as experiências que se seguiram me ensinaram que a razão de as palavras do Dr. Schuller serem tão precisas é porque começar é muito mais do que a metade do caminho.

O fracasso não é inimigo do sucesso.
A procrastinação é inimiga do sucesso.

Com demasiada frequência, sentimos que o sucesso é frágil e que os nossos esforços iniciais não serão suficientes para nos desenvolvermos; portanto, nunca começamos. Se a perfeição é o seu objetivo, você está fadado ao fracasso. Nunca há um momento perfeito para começar uma tarefa, missão ou jornada. Se você está esperando que todas as luzes sejam verdes, que o clima esteja perfeito e que todas as condições estejam favoráveis, nunca sairá da plataforma de lançamento.

Se você tem um propósito, um sonho ou um objetivo que gostaria de perseguir na vida, provavelmente o melhor conselho que eu poderia lhe dar é começar. Às vezes, as pessoas começam uma tarefa e não atingem inicialmente seu objetivo, mas posso prometer que ninguém alcança seu objetivo sem começar. A única coisa que todo grande sucesso tem em comum é que alguém decidiu que seus melhores esforços eram bons o suficiente, e ele fez algo imediatamente.

Se você tem uma paixão dentro de você por alcançar algum objetivo futuro, deve estar fazendo algo para promover sua causa hoje. Talvez esteja estudando, talvez esteja conhecendo pessoas, ou talvez esteja começando os passos que o levarão daqui para lá; no entanto, a menos que haja um foco específico que você determinou ser o melhor para o seu lançamento, precisa fazer algo hoje. E mesmo que seu lançamento seja daqui a semanas, meses ou até anos, você precisa estar preparando tudo e lançando as bases.

Além do vinho fino, poucas coisas na vida são aperfeiçoadas com o envelhecimento. Se você vai fazer algo, faça agora. Se não vai fazer, encontre algo que irá fazer e faça agora.

Hoje é o dia!

DEFININDO A SI MESMO

Todos nós gastamos muito tempo, esforço e energia nos preocupando com o que as outras pessoas pensam sobre nós. Gastaríamos muito menos tempo nos preocupando com o que as outras pessoas pensam sobre nós se percebêssemos o quão raramente elas fazem isso. Em última análise, a única opinião sobre nós que importa é a opinião que temos de nós mesmos. Isso envolve um nível de autoavaliação e honestidade que poucas pessoas conseguem.

Um dos grandes escritores de todos os tempos, William Shakespeare, escreveu: "Sê fiel a ti mesmo". Isso é muito simples, mas não muito fácil. Para que possamos entender completamente quem somos, primeiro temos que ter clareza sobre quem não somos. O grande escultor Michelangelo, quando questionado sobre como tinha sido capaz de pegar um bloco de mármore e transformá-lo em uma bela mulher, respondeu: "Você simplesmente encontra um bloco de mármore e remove tudo o que não é uma bela mulher". Todos nós temos talentos e habilidades que, se totalmente explorados, fariam de nós pessoas bem-sucedidas. Infelizmente, muitas vezes temos um desempenho aquém do nosso nível de talento e experiência.

Uma das vantagens que encontro em ser cego é que há muitas coisas que não consigo fazer. Isso deixa um punhado de coisas que posso fazer nas quais posso concentrar meus esforços e energia. Esse foco restrito me trouxe um alto nível de sucesso, felicidade e satisfação. Se você tem todos os cinco sentidos, terá que assumir a tarefa adicional de concentrar sua energia em certas áreas, eliminando outras tarefas que poderia executar se quisesse.

Lembre-se, Michael Jordan foi indiscutivelmente o melhor jogador de basquete de sua era; no entanto, quando ele decidiu jogar beisebol, tornou-se apenas um jogador medíocre da segunda divisão. Jogar na segunda divisão é ótimo se isso for tudo o que você pode fazer. Eu diria que cada um de nós tem talento e habilidade para a primeira divisão se simplesmente jogarmos o jogo certo, e não os errados.

Todas as pessoas de quem você consegue lembrar que já alcançaram a grandeza concentraram o próprio talento em um âmbito restrito. Quem tenta ser ótimo em tudo está destinado, na melhor das hipóteses, a ser mediano em muitas coisas e ótimo em nada. Tente examinar a si mesmo de forma objetiva como se estivesse avaliando um funcionário. Faça uma revisão anual de si mesmo. Determine o que você faz bem e em que áreas você tem um desempenho apenas mediano. Comece a trabalhar na eliminação da média até que você só lide com as coisas que faz bem. Quanto mais especializado se tornar ao se concentrar em sua grandeza, mais sucesso terá.

No decorrer do seu dia de hoje, decida se submeter a uma autoavaliação honesta. Aproxime-se de sua área de grandeza e afaste-se de todo o resto.

Hoje é o dia!

INTENSIDADE *VERSUS* CRIATIVIDADE

Só há duas maneiras de vencer qualquer desafio. É preciso empregar intensidade ou criatividade. Existem algumas situações que exigem criatividade. Um problema antigo deve ser encarado de uma nova maneira, ou uma nova solução deve ser desenvolvida para as circunstâncias existentes. Por outro lado, há problemas e desafios que só irão responder a uma intensidade prolongada e contínua. Você deve simplesmente bater na porta repetidamente até que ela abra ou ceda.

A arte no esforço humano entra em jogo quando decidimos se vamos utilizar a intensidade ou a criatividade. As duas características são inestimáveis se você pretende ser bem-sucedido, mas elas nunca são intercambiáveis. Muitas vezes, há pessoas que querem usar a criatividade quando uma situação exige intensidade. Elas estão procurando soluções para "ficarem ricas rapidamente", pela "pílula mágica" ou por um "atalho" para situações que exigem o bom e velho trabalho e intensidade.

Queira você entrar em forma, tornar-se independente financeiramente ou obter um diploma de pós-graduação, isso implica muito trabalho, como uma maratona. As pessoas que estão procurando por soluções rápidas para os desafios complicados nunca são bem-sucedidas. A tartaruga e a lebre nos ensinaram tudo isso quando estávamos na pré-escola. Infelizmente, a vida tem que nos lembrar de tempos em tempos.

Por outro lado, há situações que exigem criatividade e simplesmente não irão responder à intensidade. Há pessoas desinformadas que erroneamente acham equivocada a virtude de trabalhar duro em vez de trabalhar de forma inteligente. Elas preferem bater repetidamente a cabeça contra um muro em vez de contorná-lo, escalar sobre ele ou encontrar a passagem que leva ao outro lado.

Se você continuar fazendo a mesma coisa que sempre fez, vai conseguir o mesmo resultado. Se continuar fazendo a mesma coisa com mais intensidade, provavelmente conseguirá mais do mesmo resultado. Tenho certeza de que você conhece pessoas em sua vida pessoal e profissional que estão sempre procurando a maneira mais fácil de fazer tudo. Por outro lado, estou certo de que conhece pessoas que parecem querer fazer tudo da maneira mais difícil. Da próxima vez que você se deparar com um desafio imediato, antes de partir para ação, pense por um minuto se essa é uma situação que melhor responderá à criatividade ou à intensidade. Uma vez que você tenha decidido como irá proceder, os obstáculos parecem se tornar muito menos assustadores.

No decorrer do seu dia de hoje, não se esqueça de empregar as duas ferramentas à sua disposição: intensidade e criatividade.

Hoje é o dia!

A ZONA DE POTÊNCIA

Para maximizar o seu potencial, você deve entender que o poder não é universal e as habilidades não são transferíveis. Só porque você pode fazer uma coisa bem não significa que pode fazer qualquer outra coisa no mesmo nível.

Como halterofilista olímpico, ex-campeão nacional, eu estava entre as pessoas mais fortes do mundo. Dentro de uma amplitude de movimento muito restrita, eu era capaz de levantar mais peso do que três ou quatro homens normais. Essa amplitude de movimento era uma zona de aproximadamente uma polegada de largura que ia do chão até acima da minha cabeça. Quando eu levantava o peso dentro dessa zona de potência, em que eu havia treinado minha força e concentrado a minha habilidade, eu era muito bem-sucedido. Se eu saísse dessa zona de potência levantando o peso muito perto do meu corpo ou muito afastado dele, a minha força decaía em progressão geométrica.

A maioria dos golfistas profissionais consegue lançar uma bola de golfe a uma distância próxima a 274 metros ou mais. No entanto, se você mover a bola de golfe a poucos centímetros de distância deles ou para mais perto, isso interrompe seu balanço e eles estarão fora de sua zona de potência. O resultado será um lance drasticamente mais curto e menos preciso.

Todo arremessador da primeira divisão conhece cada rebatedor que ele irá enfrentar. Dependendo das características do campo, um rebatedor pode marcar um ponto importante; no entanto, se o arremessador for habilidoso, o rebatedor pode ser anulado. A competição é um microcosmo da vida. Há um vencedor, um perdedor e uma maneira claramente estabelecida de manter a pontuação. Portanto, muitas lições de vida podem ser derivadas do esporte.

Na sua carreira e na minha, temos as nossas próprias zonas de potência. Essa zona é representada pelas atividades em que maximizamos nossa eficácia e nossa eficiência. Dentro dessa zona de potência, somos proficientes e rentáveis. Fora dessa zona de potência, o nosso desempenho cai. Se você não sabe os limites exatos de sua zona de potência, precisa perguntar àqueles ao seu redor que o conhecem melhor e que serão totalmente honestos com você. Identificar e permanecer dentro da sua zona de potência é a chave para tudo o que você quer alcançar em sua vida, tanto pessoal quanto profissionalmente.

No decorrer do seu dia de hoje, encontre sua zona de potência e permaneça nela.

Hoje é o dia!

MAGIA NOS DETALHES

Desde que perdi a visão e obtive uma nova perspectiva para a minha vida, muitas coisas emocionantes aconteceram comigo. Tenho o privilégio de possuir e operar uma rede de televisão; posso viajar e palestrar em estádios e eventos corporativos por todo o país; escrevi vários livros e, a cada semana, tenho o privilégio de me comunicar com pessoas como você ao redor do mundo por meio desta coluna em revistas, jornais e publicações online.

Recentemente, outra coisa emocionante está se desenrolando. Assim como qualquer outro novo empreendimento, ela traz oportunidades, privilégios e lições. Um dos meus romances, *A dádiva mais preciosa*, está sendo transformado em um grande filme estrelado por James Garner, Lee Meriwether e Brian Dennehy. Acabei de passar uma semana no set de filmagem e pude desempenhar um pequeno papel no filme.

Quando você vai a um cinema, compra a sua pipoca e se acomoda em um assento confortável para duas horas de fuga e entretenimento, é impossível pensar no tempo, esforço e energia que literalmente centenas de pessoas colocaram nessa experiência. Enquanto estava no set, e enquanto fazia minha cena, conheci dezenas de pessoas. Algumas estavam realizando tarefas comuns, e outras estavam fazendo coisas que ainda são um mistério para mim. No entanto, a lição veio quando percebi que todas essas pessoas trabalham juntas por várias horas para montar um cenário em que os atores e o diretor possam se reunir e, com sorte, fazer um minuto ou dois de uma filmagem que talvez entre em um filme. Se apenas uma pessoa deixar de fazer seu trabalho, a coisa toda desmorona e todos têm que começar de novo. Isso cria um senso coletivo de urgência para que cada pessoa faça bem o seu trabalho e não decepcione a equipe.

Depois que saí do set de filmagem e voltei para o mundo real, percebi que esse mesmo princípio pode se aplicar a você e a mim em nossa vida diária. É preciso uma equipe inteira de pessoas para fazer um ótimo trabalho, e basta uma pessoa esmorecer por um minuto para pôr tudo a perder.

Não importa o quão bem você faça seu trabalho, se a pessoa que atende seu telefone, aspira seu tapete, distribui suas correspondências, atende seu cliente etc., tem um dia ruim ou até mesmo um momento ruim, você e toda a sua equipe são julgados pelo seu elo mais fraco. Se, em vez disso, você apreciar o papel de todos e incentivá-los a fazer o seu melhor em todos os momentos para o bem coletivo, assim como nos filmes, pode proporcionar uma ótima experiência para as pessoas com as quais você lida. E de vez em quando, você pode criar a magia.

No decorrer do seu dia de hoje, não tente melhorar muito uma coisa. Esforce-se para melhorar um pouco muitas coisas.

Hoje é o dia!

O SEU TEMPO DE VIDA

Lembro-me da primeira vez que falei com alguém com mais de 100 anos. Como jovem, naquela época, era difícil para mim conceber um século de vida. Quando perguntei àquele centenário o que ele achava mais surpreendente depois de viver 100 anos, a resposta me surpreendeu na época, assim como agora. "Estou mais surpreso com a rapidez com que o tempo voou."

A cada dia, semana, mês e ano, o tempo parece se condensar. Temos mais distrações competindo por nossos preciosos minutos a cada dia. Por isso, é mais importante do que nunca que assumamos o controle do tempo em nossa vida.

Estou em um grupo bimestral de prestação de contas com duas outras pessoas que compartilham minhas filosofias sobre a vida e como devemos vivê-la. A cada duas semanas, discutimos nossas metas e prioridades. Isso vem acontecendo há anos e tem sido uma parte muito importante da minha agenda.

Uma das outras pessoas do grupo me contou sobre uma experiência em sua casa que colocou a escassez do tempo em perspectiva. A menina mais velha de seus três filhos completou 13 anos, chegando oficialmente àquela fase da vida conhecida como adolescência. Na festa de aniversário da jovem, a família teve uma discussão que mudou para o que eles deveriam fazer em suas férias. A menina de 13 anos, com seus dois irmãos, anotou vários destinos de férias que queriam experienciar em família.

O meu amigo ficou chocado ao saber que, embora houvesse potencialmente quase vinte férias em família que todos queriam experienciar, ele tinha apenas cinco verões restantes antes que sua filha fosse para a faculdade. Embora essa tenha sido uma percepção preocupante para sua família, ela também os deixou energizados para ir, fazer e experimentar muito mais da vida enquanto ainda estão juntos como uma unidade familiar.

Pense em todas as coisas que você quer fazer em sua vida. Invista algum tempo, esforço e energia para anotá-las. Agora, distribua mentalmente essas atividades sobre o que você projeta ser o resto da sua vida. Você irá descobrir um senso de urgência sobre a realização dessas prioridades, e irá olhar para cada dia como uma oportunidade de assumir o controle do tempo de sua vida.

Hoje é o dia!

VELOCIDADE *VERSUS* PROGRESSO

Para algumas pessoas, dirigir um automóvel pode ser uma experiência relaxante, dando-lhes a oportunidade de acompanhar as notícias, ouvir uma música agradável ou investir o tempo ouvindo audiolivros ou gravações instrutivas. Para outras, dirigir no trânsito é um procedimento frenético e agitado que quase se torna um esporte hostil e de contato total. Tenho certeza de que você tem observado ambos os comportamentos de condução durante o seu deslocamento diário. Às vezes, esses dois estilos de condução diferentes ou reflexos de estilos de vida entram em um foco claro, sendo fácil compará-los.

Imagine, se quiser, o nosso motorista calmo e relaxado desfrutando de uma bela música ou de um audiolivro informativo e interessante enquanto se aproxima lentamente de um sinal vermelho. O nosso calmo motorista irá com segurança e eficiência fazer uma parada fácil e sem perturbação no semáforo. Enquanto isso, nosso companheiro motorista agitado e estressado irá acelerar loucamente em direção ao sinal vermelho e, no último instante, pisará no freio, guinchando para uma parada brusca e derrapante.

Durante o sinal vermelho, o nosso motorista calmo, relaxado e eficaz continuará a desfrutar da música divertida ou do audiolivro, enquanto olha ao redor e se delicia com a vista de um belo dia. Enquanto isso, o nosso amigo agitado e estressado irá acelerar o motor, bater no volante com os dentes rangendo, esperando a fração de um instante quando a luz muda. Todas as outras sensações pararam enquanto ele espera que a luz fique verde.

Assim que a luz ficar verde, o nosso motorista calmo, relaxado e eficiente irá acelerar com segurança e prudência no trânsito, avançando em direção a um destino importante. Enquanto isso, o nosso agitado, frenético e improdutivo motorista irá buzinar instantaneamente no momento em que surgir a luz verde para que qualquer um que possa ter pausado uma fração de segundo saiba que ele irá se mover imediatamente. Depois de tocar a buzina, esse motorista pisará no acelerador, momento em que os pneus vão guinchar combinando com a visão, o som e o cheiro da derrapagem enquanto o carro avança. O nosso motorista improdutivo irá passar por nosso motorista calmo e relaxado, ziguezagueando pelo trânsito, e irá avançar como uma bala em alta velocidade em direção ao próximo cruzamento.

Nunca confunda atividade com produtividade e lembre-se de que velocidade não é necessariamente um progresso.

À medida que o próximo semáforo fica vermelho, esse condutor sobrecarregado vai, mais uma vez, derrapar para uma paragem abrupta, batendo no volante em frustração depois de ter perdido ainda outro semáforo. Conforme a frustração continua a aumentar e a improdutividade cresce, o nosso motorista produtivo e eficiente desliza para uma parada ao lado do improdutivo companheiro de volante que está se preparando para ter algum tipo de convulsão induzida pelo trânsito.

Você já deve ter percebido que duas pessoas podem ter veículos parecidos, exatamente o mesmo percurso e destino, e chegar ao mesmo tempo com foco e resultados completamente diferentes. Nunca confunda atividade com produtividade e lembre-se de que velocidade não é necessariamente um progresso.

No decorrer do dia, procure maneiras de ser produtivo e evitar a velocidade frenética e agitada que muitas vezes é mascarada como progresso verdadeiro e duradouro.

Hoje é o dia!

EPÍLOGO

No final de cada coluna do "Sabedoria de vencedores", que apareceu em centenas de jornais, revistas e publicações on-line por muitos anos, meus pensamentos e ideias terminam com uma frase simples: "Hoje é o dia!".

Às vezes, é difícil saber o que é o sucesso, onde ele está ou quem ele é, mas o "quando" do sucesso é fácil de identificar, porque é hoje. O ontem é um cheque cancelado que não tem valor. O amanhã é uma nota promissória que pode ou não ter valor, mas o hoje é dinheiro vivo. Devemos gastá-lo bem e usá-lo com sabedoria.

Se você tem um objetivo, uma missão ou um destino em mente para sua vida, passará muitos dias viajando e apenas um dia chegando, mas todos os dias importam. Se esperar até amanhã, estará um dia mais longe do seu objetivo. Tudo o que você alcançar ou gerar hoje deve fazer parte do seu destino, porque você trocou um dia de sua vida para obtê-lo.

Você pode ganhar dinheiro ou perdê-lo. Pode construir um prédio, derrubá-lo e construir outro, mas hoje nunca pode ser substituído. A sabedoria contida nestas páginas não será mais do que uma teoria inútil a menos que você a aplique em sua própria vida, e para isso, ***hoje é, de fato, o dia.***

JIM STOVALL